한국의
산사 기행

한국의 산사 기행

'유네스코 세계문화유산'
산사, 한국의 산지승원

강기석 글·사진

생각나눔

책머리

오래된 절을 좋아합니다. 신심 깊은 불자도 아니요, 불교에 조예(造詣)가 깊지도 않지요. 교류하는 스님이 따로 있는 것도 아닙니다. 애초에 목적을 가지고 시작한 것이 아니기에 왜 절을 찾아다니는지 선뜻 답하기 곤란할 때가 많습니다.

곰곰이 생각해보니 참 많은 절을 다녔습니다. 조계종 본사와 같은 큰 절에서부터 깊은 산골에 은거하고 있는 암자까지 수백 곳이 넘습니다. 사진을 취미로 하면서부터, 오래된 목조건축물의 아름다움에 매료되면서부터였던 것 같습니다.

절이 좋은 이유는 오래된 절집이 주는 안온함 때문이기도 하지만, 절에 이르는 아름답고 풍성한 숲길이 주는 상쾌한 느낌 또한 빼놓을 수 없습니다. 그곳에 들어서면 번잡한 속세의 일상을 금세 잊어버릴 수 있고, 수많은 욕심과 집착에 사로잡혀있던 나를 버리고 참다운 나를 만날 수가 있습니다. 숲을 느린 걸음으로 걷다 보면 부질없는 마음의 먼지들이 다 씻겨나가는 듯한 청량감을 맛볼 수가 있는 것입니다.

숲길을 따라 걷다 보면 풍경 속으로 걸어 들어가 풍경의 일부가 되는 듯합니다. 고요하고 평온해, 내 마음에도 푸르고 풍성한 숲이 생기기라도 한 것 같습니다. 그 숲속에서 마음을 씻고, 마음을 열어 나를 내려놓을 수 있기를 간절히 소망해봅니다.

단풍이 곱게 물들어가는 가을날의 풍경은 또 어떨까요? 황홀한 풍경을 혼자만 누리고 있다는 것이 미안하기만 합니다. 사랑하는 사람들과 함께 다정한 얘기들을 나누며 함께 이 길을 걸어보고 싶습니다. 불가에서는 모든 이에게 부처님의 모습이 있다고 했습니다. 너무 멀리서 피안(彼岸)을 찾을 것이 아니라 바로 내가 지금 사는 곳, 곁에 있는 사람에게서 부처의 모습을 찾아보는 것도 좋겠습니다.

계곡을 따라 절에 이르는 숲길을 걷노라면 잡다한 번뇌가 절로 지워집니다. 아름다운 풍경과 맑은 공기, 숲길을 따라 흐르는 계곡의 물소리까지. 이 모든 것이 아름답고 오래된 절집이 우리에게 선사하는 선물입니다.

얼마나 오래되고 큰 절인가, 많은 신도가 찾는 유명한 절인가는 중요하지 않습니다. 조용히 사색할 수 있고, 부질없는 욕심을 내려놓을 수 있는 절들이면 좋습니다. 절은 절하는 곳이요, 마음에 고인 시(詩)를 읊어보는 곳이면 족하겠지요.

2018년 6월 유네스코 세계문화유산으로 등재된 '한국의 산사, 산지 승원' 일곱 곳과 조계종 본사들을 비롯해 아름답기로 소문난 대한민국 대표 사찰 스물다섯 곳을 모았습니다. 혼자서도 좋지만, 사랑하는 사람들과 함께라면 더할 나위 없이 좋을 겁니다.

앞으로의 여행은 좀 더 느려져야겠습니다. 사랑하는 마음으로 찬찬히 살펴보며 교감할 수 있다면 더욱 좋겠지요. 어느 좋은 날에 고요히 산사를 거니는 상상만으로도 행복해지네요. 살아있는 모든 것들이 행복하길.

풍경 소리 그윽하게 울리는
운주사 와불 앞에서 輝凉 합장

조용히 사색할 수 있고,
욕심을 내려놓을 수 있는 절이 좋습니다.
혼자서도 좋지만,
사랑하는 사람들과 함께라면
더할 나위 없이 좋을 겁니다.
사랑하는 마음으로
찬찬히 살펴보며
교감할 수 있다면 더욱 좋겠지요.
어느 좋은 날
고요히 산사를 거닐어보세요.
마음의 평안과 행복을 기원합니다.

차례

책머리

깊은 산속의 깊은 절 - 선암사　　　　　　　　　　　　　11
흥겨운 세속의 소리가 어우러진 불보사찰 - 통도사　　　25
법(法)이 편히 머무는 탈속(脫俗)의 절 - 법주사　　　　　37
무량수전 배흘림기둥에 기대서서 - 부석사　　　　　　　51
눈 덮인 들판을 걸어갈 때 어지럽게 함부로 걷지 말라 - 마곡사　　63
오랜 세월 한 몸으로 사랑해온 연리근 이야기 - 대흥사　　75
서로 다른 얼굴을 한 세 개의 마당을 만나다 - 봉정사　　89
우주의 참된 모습이 해인삼매의 깨달음으로 - 해인사　　103
달빛이 연못을 뚫어도 흔적 하나 없네 - 송광사　　　　　115
깨달음과 치유의 천년 숲길, 그 시작과 끝 - 월정사와 상원사　　127
부처님과 무언(無言)의 대화를 나누다 - 수덕사　　　　　141
구품연지에 비치는 석축의 아름다움에 홀리다 - 불국사　　153

꽃무릇은 지고, 단풍은 불타오르고 – 선운사	165
높고 외로운 구름이 고운 절 – 고운사	177
고요와 청순의 아름다움이 넘쳐흐르다 – 화엄사	189
팔공산 자락에서 은빛 바다를 구경하다 – 은해사	203
화마의 상처를 딛고 푸름을 되찾다 – 낙산사	213
깊어가는 가을, 아름다운 전나무 숲길을 걷다 – 내소사	223
마음 씻고 마음 여는 절 – 개심사	233
나 또한 풍경이 되어 거닐어본다 – 감은사지	243
보고 싶은 내 마음이 다녀간 줄 알아라 – 운주사	253
800년 넘은 느티나무의 속삭임 – 비암사	267
햇살 빛나고 바람 서늘한 가을날에 – 구룡사	277
바람이 되어, 물이 되어, 부처님의 마음이 되어 – 불영사	289

선암사

선암사

깊은 산속의 깊은 절

'깊은 산속의 깊은 절'이란 표현은 우리나라 산사(山寺)의 미학적 특질을 잘 나타내준다. 사실 깊다는 표현은 산이나 절에 어울리지는 않는다고 해야겠지만 우리가 일상적으로 사용하고 있기도 하고, 또한 이 말처럼 우리 땅이 지닌 풍광(風光)의 특징을 단적으로 잘 나타내는 어휘(語彙)도 없다고 생각된다.

선암사는 전남 순천시 승주읍의 조계산 동쪽에 있는 사찰이다. 신라 진흥왕 3년에 아도 화상이 창건한 고찰로 전해지고 있다. 아름다운 풍광을 자랑하는 절이지만 사찰 운영을 놓고 조계종과 태고종 종단(宗團) 사이에 해묵은 갈등을 빚어 볼썽사나운 모습이 세간에서 큰 화제가 되기도 했다. 불가(佛家)에 들어서도 속세의 이해타산(利害打算)에서 쉬 자유로울 수는 없는 것인가보다. 아름답고 오래된 절에 들어서며 종교의 의미, 참다운 종교인의 자세에 대해 생각해보게 된다.

선암사에 이르는 숲길은 참 아름답다. 어떤 말이나 글로도 도저히 표현해 낼 재간이 없다. 계곡을 끼고 돌아나가는 길을 걷고 있노라면 쉼 없이 흐르는 물소리와 상쾌한 숲속의 공기만으로도 복잡한 마음이 절로 씻기는 것 같다.

아쉬운 것이 있다면 깊은 산사에 어울리지 않게 지나치게 길이 넓다는 것이다. 좋은 길은 좁을수록 좋고, 나쁜 길은 넓을수록 나쁘다고 했던가.

  선암사를 떠올릴 때면 늘 청명한 숲길이 먼저 떠오르곤 한다. 입구의 주차장에서 출발해 경내에 이르기까지, 1.5km 남짓한 길을 둘러싼 조계산의 숲을 다채로운 나무와 풀들이 가득 채우고 있다. 각각 이름과 생김새를 살펴보며 걸어보는 것도 산사 기행의 또 다른 즐거움이 될 수 있다. 선암사 숲길은 전남 지역을 대표하는 아름다운 숲으로도 선정되어 그 가치와 명성을 드높이고 있다.

대웅전은 주불인 석가모니 부처를 모신 전각으로 선암사 가람배치의 중심이다. 일주문과 범종루를 잇는 중심선에 자리하고 있으며, 보물 제1311호로 지정되어있다. 선암사는 대웅전 외에도 원통전, 응진당, 각황전이 각각의 영역을 구축하고 있어 네 개의 절을 합쳐놓은 듯하다. 깊은 산속의 깊은 절답다.

처음 이 숲길은 무척 좁았을 것이다. 좋은 도반(道伴)과 나란히 걸을 수 있을 정도면 족했을 것이다. 그 이상의 욕심은 무의미했을 터이니 나머지는 자연의 몫이었겠지. 풀과 나무의 자리요, 산짐승과 날짐승이 자유로이 제 삶을 영위(營爲)할 수 있는 공간으로 기꺼이 내어주었으리라. 역설적이게도 숲길이 아름다울 수 있는 이유는 인간의 발길, 호흡이 머무르지 않았기 때문일 것이리라 짐작해본다.

아름다운 숲길의 끝자락에 그 유명한 승선교(昇仙橋)와 강선루(降仙樓)가 놓여있다. 처음 선암사를 찾았던 이유 역시 바로 이 아름다운 돌다리를 눈으로 직접 보고 싶다는 간절한 마음 때문이었다. 먼 길을 마다치 않고 찾아온 노고가 전혀 아깝지 않을 만큼 훌륭한 풍경을 선사한다. 승선교 아래 계곡에서 강선루를 바라보는 느낌은 언제나 좋다. 승선교 사이로 보이는 강선루의 모습은 선암사를 대표하는 풍경이라고 할 수 있겠다. 가히 선암사의 제1경이요, 백미(白眉)라 부를 만하다.

"냇물이 잔잔히 흐를 때는 무지개다리가 물속의 그림자와 합쳐 둥근 원을 그린다. 그럴 때 계곡 아래로 내려가보면 그 동그라미 속에 강선루가 들어앉은 듯 보인다."라는 설명 그대로다. 보물 제400호로 지정되어있는 승선교를 한참 바라보고 있노라면 주변에 흔하게 널려있는 돌들을 가지고 어쩌면 이리도 단정한 다리를 만들었을까 하는 생각에 탄성이 절로 나온다.

원래는 진입로를 따라오다 아래쪽의 작은 돌다리를 건너 왼편으로 건너온 후 위쪽의 승선교를 지나 다시 계곡 오른편으로 건너오게, 디귿 자 형태의 동선으로 되어있었다고 한다. 그러던 것이 오른편에 새로 넓은 진입로가 만들어지면서 지금은 승선교를 건너지 않고 바로 강선루를 지나는 사람들이 대부분

선암사 터가 지닌 풍수적 약점을 보완하기 위해 강선루가 세워졌다. 양쪽 산줄기가 벌어져 기가 빠지는 자리에 누각을 세워 막아준 것이다. 고려 시대에는 이런 식으로 풍수상의 흠을 고쳐 보완했는데, 비보풍수(裨補風水)라 일컫는다.

이다. 나쁜 길은 넓을수록 나쁘다는 이유가 여기에 있다.

강선루가 지금의 자리에 놓인 연유(緣由)가 사뭇 흥미롭다. 조계산은 호남 제일의 풍수를 지녔다고 일컬어지는데, 그중에서도 선암사 자리가 중후(重厚)하고 안정된 곳으로 꼽힌다고 한다. 하지만 으뜸 명당(明堂) 터에도 치명적인 결함이 있었는데, 강선루를 사이로 해 좌우의 청룡백호(靑龍白虎)가 합을 이루지 못해 바람이 새어나가고, 물살이 빠르게 흘러나간다. 절터로 뻗어오는 양쪽 산줄기가 벌어져 좋은 기(氣)가 빠져나가버린다는 것이다.

선암사 터가 지닌 이런 약점을 보완하기 위해 강선루가 세워졌다. 양쪽 산줄기가 벌어져 기가 빠지는 자리에 누각을 세워 막아준 것이다. 고려 시대에

선암사 17

는 이런 식으로 풍수상의 흠을 고쳐 보완했는데, 이를 비보풍수(裨補風水)라 일컫는다. 지금껏 이곳을 지나며 산과 계곡, 무지개다리와 누각이 선사하는 아름다움에만 취했었는데, 땅과 산줄기의 형세(形勢), 물길의 흐름에도 눈길을 두어야 제대로 된 감상(感想)이 될 수 있겠다.

아름다운 무지개다리 승선교 아래에서 바라보는 강선루가 선암사의 제1경이라는 데는 이견이 없지만, 그에 못지않은 멋진 풍경이 바로 조계문에 이르는 길이다. 승선교와 강선루를 지나 선암사 조계문에 닿는 길은 구부러져있다. 한 번에 절집을 고스란히 드러내어 보여주지 않고 굽은 길을 돌아가며 조금씩 내어준다.

일직선으로 길을 낸 보통의 절과 달리 원래의 높낮이와 경사를 거스르지 않고 자연에 순응한 형태를 보여준다. 걸음을 내디딜 때마다 절집 풍경은 가까워지고 이내 조바심이 난다. 그리운 이를 만나는 것처럼 설레는 순간이다. 가을인데도 아직은 온통 푸른빛을 지닌 울창한 숲길을 걸어 조계문에 닿는 순간이 선암사에서 맛보게 되는 두 번째 행복이다.

또 하나, 선암사의 명소라면 해우소(解憂所)를 빼놓을 수 없다. 우리나라 사찰 해우소 가운데 가장 오래되었고, 그 규모도 웬만한 법당보다 크다. 선암사에서는 지금도 이곳에서 만든 인분 퇴비로 스무 마지기의 논과 밭에서 농작물을 키워 먹고 있다고 하는데, 화학비료로 키운 것보다 훨씬 맛이 좋다고 한다. 종국에는 자연으로 돌아가고 윤회(輪回)한다는 불가의 큰 가르침은 이렇듯 우리네 삶 가까이에 존재한다.

선암사 숲길은 참 아름답다. 1.5km 남짓한 길을 둘러싼 숲을 다채로운 나무와 풀들이 가득 채우고 있다. 계곡을 끼고 돌아나가는 길을 걷고 있노라면 쉼 없이 흐르는 물소리와 상쾌한 숲속의 공기만으로도 복잡한 마음들이 절로 씻기는 것 같다.

걸음을 내디딜 때마다 고즈넉한 산사 풍경은 가까워진다. 그리운 이를 만나는 것처럼 설레는 순간이다. 가을인데도 아직은 온통 푸른빛을 지닌 울창한 숲길을 걸어 조계문에 닿는 순간 또한 선암사에서 맛볼 수 있는 행복이다.

절집의 해우소는 대부분 산비탈에 세워져있다. 숭유억불(崇儒抑佛)의 조선시대를 거치며 절은 산속 깊이 은둔(隱遁)하게 된다. 사대부들의 핍박(逼迫)과 천민보다 못한 신분 탓에 자연스레 속세와 떨어지게 되었고, 산속 계곡의 비탈과 둔덕을 일궈 절을 지었다. 엄청난 공력이 들었을 것이다. 그나마 평평한 부분은 법당과 요사채를 지었고, 비탈에는 해우소가 놓였다.

비탈에 놓인 탓에 해우소는 앞에서 보면 1층, 뒤에서 보면 2층 누각 형태를 띠게 된다. 즉 해우소의 상단부는 절집의 끝과 연결되고, 하단부는 절집에 먹을거리를 제공하는 논과 밭으로 연결되어 재미난 건축학적 공간으로 구성되는 것이다. 끝이면서도 시작인 공간, 이처럼 사찰의 건축에는 철학적 사유(思惟)가 드러내지 않고 스며들어있다.

눈물이 나면 기차를 타고 선암사로 가라

선암사 해우소에 가서 실컷 울어라

해우소에 쭈그리고 앉아 울고 있으면

죽은 소나무 뿌리가 기어 다니고

목어가 푸른 하늘을 날아다닌다

풀잎들이 손수건을 꺼내 눈물을 닦아주고

새들이 가슴 속으로 날아와 종소리를 울린다

눈물이 나면 걸어서라도 선암사로 가라

선암사 해우소 앞

등 굽은 소나무에 기대어 통곡하라

– 정호승, 「선암사」

정호승 시인은 눈물이 나면 기차를 타고 선암사로 가 해우소에서 실컷 울라고 했다. 하지만 시적 감성(感性)이 턱없이 모자란 나는 해우소 앞에 쭈그리고 앉아서도 죽은 소나무 뿌리가 기어 다니고, 목어(木魚)가 푸른 하늘을 날아다니고, 풀잎들이 손수건을 꺼내 눈물을 닦아주고, 새들이 가슴속으로 날아와 종소리를 울려주는 그 느낌을 오롯이 경험해보지는 못했다.

눈물 날만큼 힘들지 않은 사람은 없을 것이다. 우리는 흔히 눈에 보이는 겉모습만을 비교하면서 절망한다. 왜 유독 나만 이토록 힘든 것일까 분노하기도 한다. 하지만 각자의 어깨 위에 얹어진 고통의 크기는 달라 보이더라도 그 무게는 실상 크게 다르지 않은 것이리라 여겨본다.

또한, 그러한 고통이 있어 그 사람의 인생이 더욱 아름다울 수 있다고 어느 시인은 얘기했다. 그래서 신은 인간들에게 기쁨보다는 슬픔을, 즐거운 순간보다는 고통을 안겨준 것이라 한다. 그것은 어둠이 있어 별이 더욱 빛날 수 있는 것처럼, 겨울이 있어 봄이 더욱 기다려지는 것과 같은 이치(理致)라고 이해해보련다.

의도한 것은 아니었지만, 저녁 예불 시간에 맞춰 절을 찾았던 적이 있었다. 계절에 따라 바뀌긴 하지만 대략 오후 5시 30분에서 6시 정도에 저녁 예불이 시작된다. 일주문 바로 위 범종각에는 장삼을 걸친 많은 스님이 도열해있었다. 매일 되풀이되는 일상의 의식이었겠지만 그들은 표정에서는 무엇 하나 허투루 하지 않겠다는 구도자의 정연한 의지가 엿보였다.

이내 북소리가 울리더니 장엄하고 묵직한 종소리가 뒤따랐다. 고단한 하루를 보냈을 뭇 산짐승들과 속세의 중생들에게 보내는 따뜻한 안부 인사처럼 느껴졌다. 사방에는 어둠이 내려앉았다. 간절한 원망(願望)도 부질없는 욕심

일주문 바로 위 범종각에는 장삼을 걸친 많은 스님이 도열해있었다. 매일 되풀이되는 일상의 의식이었겠지만, 그들은 표정에서는 무엇 하나 허투루 하지 않겠다는 구도자의 정연한 의지가 엿보였다.

도 아스라이 사라지는 듯했다. 그 순간이 바로 해탈의 경지요, 그곳이 극락이 아니면 무엇이었겠는가?

시간이 많이 흘렀지만 그날의 감동만큼은 잘 잊히지 않는다. 고요하던 마음에 물결이 일어 탁해질 때면 다시 떠올려보곤 한다. 시기와 질투, 원망의 삿된 감정에서 벗어나 서로에게 이루 말할 수 없이 따뜻한 위로와 격려의 인사를 건네며 평범한 일상에 감사하는 것이야말로 피안(彼岸)에 이르는 첩경(捷徑)이 아닐까 생각해본다.

선암사의 가장 깊은 곳에는 무려 6백 년이 넘은 고매화가 있다. 우리나라에서 가장 오래된 매화나무로 선암매(仙巖梅)라는 별칭을 가지고 있기도 하다. 봄이면 이 매화를 보러 많은 사람이 선암사를 찾는다. 사람들은 꽃을 보고 싶은 마음에 쫓겨 아무 때나 떠나지만, 꽃은 아무 때나 제 모습을 보여주지 않는다.

언젠가 그런 날이 올 것이다. 시린 겨울을 이겨내고 고고하게 피어난 매화 향기가 선암사를 가득 채우는 날, 그 날에는 봄비가 내려줬으면 좋겠다. 봄비에 옷이 젖어가듯 내 마음도 촉촉이 젖어들었으면 좋겠다.

통도사

통도사
흥겨운 세속의 소리가 어우러진 불보사찰

유네스코 세계유산위원회는 2018년 6월 우리나라가 신청한 '산사(山寺), 한국의 산지 승원'을 세계유산으로 등재했다. 양산 통도사, 영주 부석사, 안동 봉정사, 보은 법주사, 공주 마곡사, 순천 선암사, 해남 대흥사 등 모두 일곱 곳이다. 사찰은 고유한 가르침과 가람배치를 통해 불법(佛法)을 전파하고 있는데, 절마다 불교의 요체(要諦)인 불·법·승 삼보의 어느 한 부분을 강조하곤 한다.

우리나라의 삼보사찰로 대표되는 통도사, 해인사, 송광사는 이러한 특징들이 특히 도드라진다. 해인사는 부처님의 말씀인 팔만대장경을 간직하고 있는 법보(法寶)사찰로, 송광사는 보조국사 지눌 이래 열여섯 분의 국사를 배출한 승보(僧寶) 사찰로 이름나있다.

그중에서도 통도사는 부처님의 진신사리와 금란가사(金襴袈裟)를 모시고 있어서 삼보 가운데 가장 으뜸인 불보사찰(佛寶寺刹)의 지위를 갖게 되었다. 통도사를 한국 불교의 으뜸인 불지종가(佛之宗家), 국지대찰(國之大刹)이라 부르는 이유가 여기에 있다. 석가모니 부처님의 진신사리를 모신 사리탑이 있는 적멸보궁이라서 대웅전에 따로 불상을 모시지 않는다.

통도사 앞의 계곡에는 수많은 행락 인파가 몰려 성속(聖俗)의 구분이 없었다. 여름방학을 맞아 템플스테이를 온 사람들. 단체로 불교 체험을 하는 학생들의 모습도 눈에 많이 띄었다. 일주문 밖은 물놀이하는 사람들의 흥겨운 소리로 가득하다. 아이들과 어울려 물장난을 치는 스님들의 모습이 천진난만한 동자승의 모습을 닮았다. 자애롭고 다정하다.

    통도사 대웅전은 실제로 부처님이 살아 숨 쉬는 공간으로 여겨져 다른 사찰과 구별되는 종교적 상징성을 갖는다. 법당의 네 방향마다 각각 다른 이름의 편액이 걸려있는데, 동쪽은 대웅전(大雄殿), 서쪽은 대방광전(大方廣殿), 남쪽은 금강계단(金剛戒壇), 북쪽은 적멸보궁(寂滅寶宮)이라 쓰여있다. 내부는 금강계단 방향으로 예배를 드리게 배치가 되어있다.

    연못을 메우고 건립한 통도사의 대웅전 바로 뒤에 금강계단이 있다. 통도사 가람배치의 중심이자 최고의 성지다. 금강이란 금강석(金剛石)을 뜻하는데, 불가에서는 반야(般若)의 지혜를 비유하는 말로 쓰인다. 통도사 금강계단에서 계

(戒)를 받는 것은 부처님에게서 받는 것과 동일한 의미를 지니므로 오늘날까지도 유일한 정통을 잇는 수계(受戒) 장소로 인식되고 있다.

영축산과 통도사라는 이름도 살펴볼 가치가 있다. 통도사는 신라 제27대 선덕여왕 15년(646)에 대국통(大國統) 자장스님이 창건했다. 당시 경주의 황룡사가 왕실과 귀족 불교의 중심이었다면 통도사는 수행불교(修行佛敎)의 중심 도량이었다. 통도사가 자리하고 있는 영축산의 원래 이름은 축서산이었다. 산의 모양이 석가모니 부처님이 법화경을 설법하던 인도 영축산과 통한다고 해서 통도사라 한다.

또한, 승려가 되려는 사람은 부처님의 진신사리를 모신 금강계단에서 계를 받아야 한다는 의미에서 통도사라 부른다. 부처님이 행하고 실천한 계율을 통도사 금강계단에서 익히고 배워야만 승려가 된다는 뜻이다. 한국 불교 계율의 중심지로서 모든 승려는 이곳에서 계(戒)를 받아서 산문(山門)에 들어서라고 하였다.

모든 진리를 회통하여 중생을 제도한다(通萬法度衆生)는 의미의 통도(通度)는 모든 방편을 동원하여 중생들을 행복하게 하고자 하셨던 부처님의 자비로운 마음을 잘 나타내고 있다. 보살(菩薩)과 수행자들의 존재 이유는 자기만의 깨달음을 구하는 데 있는 것이 아니라 고통받는 중생들과 함께하는 마음이 있어야 함을 뜻하는 것이다.

금강계단을 돌아 나오면 삼성각과 산령각 앞에 인공적으로 조성된 작은 연못과 다리가 있다. 마침 배롱나무꽃이 활짝 피어 표현하기 힘든 아름다움을 느끼게 한다. 마치 예상치 못했던 숨겨진 보물을 발견한 느낌이라고 할까? 그 아름다움에 매료되어 한참을 바라보고 있었다.

통도사 대웅전은 실제로 부처님이 살아 숨 쉬는 공간으로 여겨져 다른 사찰과 구별되는 종교적 상징성을 갖는다. 법당의 네 방향마다 각각 다른 이름의 편액이 걸려있는데, 동쪽은 대웅전(大雄殿), 서쪽은 대방광전(大方廣殿), 남쪽은 금강계단(金剛戒壇), 북쪽은 적멸보궁(寂滅寶宮)이라 쓰여있다. 내부는 금강계단 방향으로 예배를 드리게 배치가 되어있다.

이 작은 연못은 구룡지라고 불리는데, 흥미로운 이야기가 전한다. 자장스님이 당나라 오대산에서 기도를 드리자 문수보살이 나투시어 "축서산 기슭의 신지(神池)에 사는 독룡(毒龍)들이 곡식을 상하게 하고, 백성들을 괴롭히고 있으니, 그곳에 금강계단을 세워 이 사리와 가사를 봉안하면 재앙을 면하고 불법이 오랫동안 머물게 되리라."라고 했다.

스님이 신라로 돌아와 아홉 마리의 용들을 제도(濟度)하고 못을 메워 그 위에 금강계단을 쌓았다. 눈먼 용 한 마리만이 남아 터를 지키겠다고 맹세하였으므로 한 귀퉁이를 남겨 머물도록 했다고 한다. 불과 네댓 평의 넓이에 지나지 않으며 깊이 또한 한 길도 채 안 되는 조그마한 타원형의 연못이지만, 아무리 심한 가뭄이 와도 전혀 수량이 줄어들지 않는다고 하니 신비롭다.

금강계단을 돌아 나오면 삼성각과 산령각 앞에 인공적으로 조성된 작은 연못과 다리가 있다. 마침 배롱나무꽃이 활짝 피어 표현하기 힘든 아름다움을 느끼게 한다. 마치 예상치 못했던 숨겨진 보물을 발견한 느낌이라고 할까? 그 아름다움에 매료되어 한참을 바라보고 있었다.

통도사가 놓인 곳의 풍수가 두 마리 용이 여의주를 다투는 형국이라고 한다. 해발 1,050m의 영축산 상봉으로부터 남쪽으로 봉우리들이 흘러내려오다가 금강계단에 이르러 멈춰 명당(明堂)을 만들어준다. 남향했으면서도 지형 탓에 절은 동서로 길게 배치되어있다. 큰 사찰답게 건물도 많은데, 법당을 중심으로 세 지역으로 나누어 상노전·중노전·하노전이라 부르고 있다. 노전(爐殿)이 3개라는 것은 통도사가 3개의 가람이 합해진 복합 사찰이라는 의미로 해석된다.

통도사는 대웅전을 비롯한 12개의 법당을 포함하여 65동 580여 칸에 이르는 큰 규모를 자랑한다. 대웅전은 국보 제290호로 지정되어있기도 하다. 이 건물들은 임진왜란 때 소실(燒失)되었던 것을 조선 선조와 인조 때 두 차례에

관음전은 용화전 앞에 있다. 중노전의 중심이 되는 세 건물 중 하나로, 남북으로 나란히 놓인 통도사 대광명전, 용화전, 관음전의 세 법당 가운데 제일 남쪽에 있다. 내부 우측에 관세음보살이 있으며, 후면과 좌측 벽에는 석가의 일생을 묘사한 그림을 안치하였다.

걸쳐 중수(重修)했다. 고려 시대 건물인 대광명전을 제외한 건물 대부분은 근세에 지어졌지만, 빛바랜 단청들에서 오랜 세월을 느끼기에 충분하다.

통도사 앞의 계곡에는 수많은 행락 인파가 몰려 성속(聖俗)의 구분이 없었다. 여름방학을 맞아 템플스테이를 온 사람들, 단체로 불교 체험을 하는 학생들의 모습도 눈에 많이 띄었다. 일주문 밖은 물놀이하는 사람들의 흥겨운 소리로 가득하다. 아이들과 어울려 물장난을 치는 스님들의 모습이 천진난만한 동자승의 모습을 닮았다. 자애(慈愛)롭고 다정하다.

통도사의 수많은 전각 중 처음 만나는 법당이 천왕문과 추녀를 맞대고 서있는 극락보전이다. 극락보전은 적멸보궁 다음으로 근사한 편액을 달고 있는 데다 보배로울 보자를 넣은 전각 또한 극락보전과 적멸보궁뿐이다.

보통의 산사들이 고요함으로 충만하다면 이곳 통도사는 사람 소리가 넘쳐 난다. 절에 들어설 때는 산사에서 느낄 수 있는 고즈넉함을 뺏긴 것 같아 못 내 아쉬웠는데, 나올 때는 그 느낌이 사뭇 달랐다. 세상 속에서 중생(衆生)과 어울리며 소통(疏通)하는 것, 이 역시도 종교의 중요한 역할이 아닌가 하는 생 각이 들었다. 고요함 속에 끊임없이 수행(修行)하고 정진(精進)하는 것과 더불 어, 이렇듯 사람들에게 앞마당을 내어주고 좀 더 가깝게 다가서는 노력도 필 요한 것이겠지.

용화전은 통도사 중노전의 대표 법당 격인 대광명전 바로 앞에 있다. 이 법당에는 미래불은 미륵불을 모시고 있다. 미륵불이 태어날 곳이 화림원 용화수 아랫니여서 용화전이란 이름이 붙었다. 아쉽게도 통도사를 찾는 이들의 흔한 동선에 노출되지 않아 잘 눈에 띄지 않는다.

소설가 조성기는 소설 『통도사 가는 길』에서 "'반야심경(般若心經)'의 구절대로라면 부처도 없어야 마땅하다."라고 얘기했다. 아무것에도 얽매이지 않아도 되는 경지, 통도(通度)의 의미는 결국 모든 것이 통하는 길이 아닌, 모든 것을 헤아려 금하는 것이 없는 물금(勿禁)의 세계라는 해석이다. 마음속에 갈등을 느낄 때, 가슴 깊이 품고 있는 저마다의 통도사의 울림을 찾아 훌쩍 떠나고 싶게 하는 글이다. 눈이 시리게 푸른 어느 가을날에 다시 통도사를 찾으려 한다. 오래된 절집 가는 길에 쉬며, 걸으며 다시 읽어보면 좋겠다.

법주사

법주사

법(法)이 편히 머무는 탈속(脫俗)의 절

법주사는 속리산의 넓은 품속에 있다. 속리산(俗離山)이란 이름 또한 천년 고찰에 잘 어울린다. 속세를 떠나서 법(法)이 머물 수 있는 이곳이 바로 법주사인 것이다. 가까이에 큰 길이 새로 뚫리면서 이제는 사람들이 더 쉽게 찾을 수 있게 되었지만, 옛날에는 깊은 산중에 있어 쉬 찾기 어려운 곳이었다.

무려 이십여 년의 세월이 흐른 뒤 법주사를 다시 찾게 되었다. 중학교 2학년 수학여행 방문지 중 하나였었는데, 강산(江山)이 두 번이나 변한 탓인지 어릴 적 다녀왔던 법주사의 기억이 하나도 나질 않았다. 보기 흉하게 시멘트가 발린 거대한 불상과 팔상전을 배경으로 친구들과 찍었던 기념사진만이 그때를 추억하게 한다.

법주사 일주문에 이르는 울창한 숲길이 시원하니 참 좋다. 정식 명칭은 속리산 세조길인데, 조카의 왕위를 찬탈한 비정한 군주였던 세조의 이름을 딴 것을 마뜩잖아 하는 목소리도 크다. 숲길의 길이가 5리쯤 된다고 해서 오리 숲길로도 불린다. 참나무와 소나무, 전나무가 한 데 우겨져 하늘을 가린다. 이 멋진 숲길이 아니었다면 더위 때문에 중도에 법주사 소요(逍遙)를 포기했을지 모른다.

  시원한 그늘 속을 걸으며 불어오는 한 줄기 바람에 땀을 식힌다. 여유롭게 산책을 즐기는 기분으로 법주사를 향해 걸음을 옮겨본다. 평일이라 한적하다. 속세를 잠시 떠나 마치 선계(仙界)에 발을 들인 느낌이다. 깊은 산중에 있으나 평지에 놓여있는 덕분에 남녀노소 누구나 힘들이지 않고 절에 닿을 수 있으니, 미륵대불의 자비로움을 쏙 빼닮은 절이라 하겠다.

법주사 팔상전은 우리나라 유일의 목조 오층탑으로 높이가 22.7m에 달하며, 1962년에 국보 제55호로 지정되었다. 정유재란으로 불타 없어진 것을 선조 때 중건을 시작해 인조 4년(1626)에 완성을 보았다고 한다. 벽의 사방에 각 2면씩 모두 8개의 변상도가 그려져있다 해서 팔상전이란 이름이 붙었다.

사천왕석등이 2층 전각인 대웅보전을 호위하듯 서있다. 신라의 전형적인 팔각 석등의 기법을 보이는데, 부석사 무량수전 앞의 석등과도 무척 닮았다. 사천왕이란 불교에서 수미산을 중심으로 사방을 지키는 수호신을 일컫는다.

숲길 군데군데에는 흥미로운 스토리텔링과 생태 체험을 즐길 수 있는 시설물을 조성해놓았다. 당 태종이 중국의 기운을 한반도에 빼앗길 것을 염려해 속리산 거북바위의 목을 자르고 등 위에 탑을 세웠다는 수정봉 거북바위도 있고, 잠시 멈춰 속리산에서 탈속의 즐거움을 만끽했던 화담 서경덕의 시도 읊어볼 수 있다. 세조가 피부병을 치료하기 위해 몸을 씻었다는 목욕소, 속리산의 깃대종인 망개나무와 하늘다람쥐도 속리산 숲길 산책에서 만날 수 있는 즐거움이다.

숲길을 걷다 보면 "호서제일가람(湖西第一伽藍)"이라는 일주문의 큼지막한 현판이 제일 먼저 반겨준다. 법주사는 조계종 제5교구의 본사인데, 고려 시대 법상종(法相宗)의 중심 사찰이었다. 법상종은 통일신라 시대 때 성립된 불교 종파이며, 유식 사상(唯識思想)과 미륵 신앙을 기반으로 하고 있다고 한다. 고려 시대에는 화엄종과 더불어 교종의 2대 종파가 되었는데, 이자겸의 난 이후 교세가 많이 위축되었다.

법주사는 신라 진흥왕 14년(553)에 의신조사가 창건했다고 전한다. 법을 구하러 천축국으로 떠났던 의신조사가 돌아와 흰 나귀에 불경을 싣고 절 지을 터를 찾아다녔는데, 지금의 법주사 터에 이르자 나귀가 더 가지 않고 제자리를 맴돌았다고 한다.

스님이 주변을 살펴보니 절을 지을 만했으므로 이곳에 절을 짓고 부처님의 법이 머문다고 해 절 이름을 법주사(法住寺)라고 했다. 이후 혜공왕 12년(776)에 진표율사가 중창하고부터 대찰의 규모를 갖추었다는 것이 사적기(事績記)에 적힌 법주사의 내력이다. 하지만 진표율사의 행적을 자세히 기록한 『삼국유사』는 또 다른 설화를 전하고 있어 그 정확한 역사를 규명(糾明)하기는 어려울 것 같다.

일주문을 지나면 멀리 금강문이 눈에 들어온다. 법주사는 평지에 오밀조밀하게 전각들이 배치되어있어 볼거리가 많다. 금강문 바로 뒤에 쌍둥이처럼 높게 솟아있는 나무도 참 특이하다. 곧이어 나오는 천왕문을 지나면 그 유명한 법주사 팔상전(八相殿)을 만날 수 있다.

사진으로 많이 접했던 건물인데도 실제로 보니 일반적인 사찰에서 보기 힘든 독특한 형태라는 걸 새삼 느낄 수 있다. 우리나라 유일의 목조 오층탑으로 높이가 22.7m에 달하며, 1962년에 국보 제55호로 지정되었다. 정유재란으로 불타 없어진 것을 선조 때 중건을 시작해 인조 4년(1626)에 완성을 보았다고 한다. 숱하게 많은 전란(戰亂)을 겪었던 이 땅의 아픈 역사가 곳곳의 문화재(文化財)에 고스란히 남아있다.

팔상전은 돌로 정사각형의 단층 기단을 짜고 사방에 계단을 낸 형태다. 1층 탑신의 사방에는 출입구가 계단과 통하게 되어있어 어느 곳에서나 출입이 가능해 내부를 한 바퀴 돌아볼 수 있다. 건물의 내부는 기둥의 네 면을 벽으로 처리해 팔상도를 걸었고 불단을 만들었다.

벽의 사방에 각 2면씩 모두 8개의 「변상도」가 그려져있다 해서 팔상전이란 이름이 붙었다. 1968년에 해체 복원 공사를 했는데, 그로부터 또 반세기의 세월이 흘러서인지 고풍찬연(古風燦然)하다. 목조건물이다 보니 손이 많이 가고 신경이 쓰일 것 같다. 많은 문화재가 화재로 소실되곤 하는데, 팔상전만큼은 지금 모습 그대로 온전히 유지되었으면 하는 바람이다.

팔상전과 대웅보전(보물 제915호) 사이에는 국보 제5호인 쌍사자석등, 국보 제64호인 석련지, 보물 제15호인 사천왕석등, 보물 제216호인 마애여래의상

법주사 쌍사자석등은 팔상전 서쪽에 있는 사천왕석등과 함께 신라 시대를 대표하는 석등 가운데 하나로 평가받고 있다. 높이가 3.3m에 이르는데 단단한 화강암을 가지고 마치 찰흙 주무르듯 갈기와 다리의 근육까지 생생하게 표현한 장인의 기교에 감탄하지 않을 수 없다.

등 수많은 문화재가 곳곳에 널려있다. 이 밖에도 철로 만든 솥인 철확(보물 제1413호), 희견보살상(보물 제1417호), 원통보전(보물 제916호) 등 절 전체가 보물이요, 박물관이라도 해도 과언이 아닐 정도다. 문화재에 관심이 많은 사람이라면 법주사를 둘러보는 데 하루가 모자랄 것 같다.

법주사 쌍사자석등은 팔상전 서쪽에 있는 사천왕석등과 함께 신라 시대를 대표하는 석등 가운데 하나로 평가받고 있다. 높이가 3.3m에 이르는데, 단단한 화강암을 가지고 마치 찰흙 주무르듯 갈기와 다리의 근육까지 생생하게 표현한 장인의 기교에 감탄하지 않을 수 없다. 암수 한 쌍이 가슴을 맞대고 석등을 받쳐 들고 있는데, 하대석을 버티고 있는 뒷다리와 상대석을 받치고 있는 앞다리 모두 힘이 넘친다. 자세히 보면 사자 한 마리는 입을 벌리고 있고, 다른 한 마리를 다물고 있어 그 연유가 궁금해진다.

팔상전 외에 관심을 끄는 대상이 법주사에 더 있다. 그중 하나가 천왕문을 지나 경내 왼쪽편에 우뚝 서있는 철 당간지주다. 현재 철 당간은 30단의 철통을 연결하였는데 그 높이가 22m에 이른다. 팔상전의 높이와 비슷하다. 고려 목종 9년(1006년)에 처음 건립하였고, 구한말 고종 때 흥선대원군이 당백전을 주조하기 위해 무너뜨렸었다. 그 이후에 몇 차례 복원하였으며, 지금의 철 당간은 1972년에 복원된 것이라고 한다.

또 하나 빼놓을 수 없는 것이 세계 최대의 금동입상(金銅立像)인 법주사 미륵대불이다. 높이가 무려 33m인데 아파트 11층 정도 높이다. 대불 앞에 서는 순간 모든 중생은 그 거대함에 압도될 수밖에 없다. 중학교 수학여행 때의 기억으로는 자비로운 부처님의 따사로움이 아니라 거대한 시멘트 덩어리가 위협적으로만 느껴졌었다.

세계 최대의 금동입상(金銅立像)인 법주사 미륵대불. 높이가 무려 33m인데 아파트 11층 정도 높이다. 대불 앞에 서는 순간 모든 중생은 그 거대함에 압도될 수밖에 없다. 개금불사에 총 80kg의 순금이 들었다고 한다.

천왕문을 지나 경내 왼쪽편에 철 당간지주가 우뚝 서있다. 현재 철 당간은 30단의 철통을 연결하였는데, 그 높이가 22m에 이르러 팔상전의 높이와 비슷하다. 고려 목종 9년에 처음 건립하였고, 구한말 고종 때 흥선대원군이 당백전을 주조하기 위해 무너뜨렸었던 것을 복원했다.

기록을 찾아보니 이 미륵대불도 사연이 참 많았다. 원래 신라 혜공왕 때 금동으로 조성했으나 조선 시대 고종 9년(1872)에 경복궁 축조 자금으로 쓰기 위해 뜯어냈던 것을 1939년 불상 복원을 시작해 1964년에 옛 용화보전 자리에 시멘트로 미륵대불을 완성했다. 1990년에는 시멘트 불상을 헐어내고 청동대불을 세웠고, 2002년에는 그 오래전 진표율사가 금동미륵대불을 모셨다는 기록에 따라 개금불사를 완성해 지금의 모습을 갖추게 됐다.

  청동대불을 만드는 과정도 쉽지 않았다고 한다. 하나로 이어지는 청동 불상을 만든 사례가 세계적으로도 드물었기 때문에 관련 전문가들도 함께 참여하였고, 쓰인 청동의 양만 116톤이나 되었다니 엄청난 불사(佛事)였다 할 만하다. 시간이 흐르면서 불상의 외관에 얼룩이 생겨 위엄을 유지하기 어려워진 탓에 금박을 입히는 개금불사가 불가피해졌는데, 총 80kg의 순금이 들었다고 한다.

  대불 아래로 내려가면 지하에 용화전이라는 큰 법당이 있다. 미륵보살이 머물고 있는 도솔천의 모습을 형상화하였다고 한다. 법당을 둘러싸고 있는 벽면에는 개금불사에 시주했던 신자들의 이름이 적힌 불상들이 빼곡하게 모셔져있어 장관을 이룬다.

  절은 화려하기보단 소박한 것이 좋다고 생각하는 편이지만, 그것도 어쩌면 절은 산속에 있어야 어울린다는 생각처럼 편견(偏見)일 수도 있겠다. 절도 그렇고, 사람도 그렇다. 겉모습이 어떻든 그 마음만 참되고 진실 되면 그만 아닐까?

  빨리 나가라고 누가 등 떠미는 것도 아닌데 발길은 어느새 법주사 경내를 벗어나고 있다. 뙤약볕 아래 한참 동안 경내를 돌아다녔더니 서늘한 숲길이 이내 그리워졌다. 이렇게 돌아서면 또 구석구석 챙겨보지 못하고 왔다는 아쉬움이 짙게 남겠지만, 또 그런 아쉬움과 다시 찾게 될 그 날에 대한 기대를 반복하는 것이 인생인가보다. 콧노래를 나지막하게 흥얼거리며 숲길로 들어선다. 그새 그늘이 더 짙어진 것 같다.

부석사

부석사 무량수전 배흘림기둥에 기대서서

아직 어둑어둑한 새벽길을 달려 부석사에 도착했다. 사람들의 발길이 분주해지기 전에 부석사의 고즈넉함을 즐기려다보니 어느새 마음이 급해졌다. 운이 좋으면 태백준령(太白峻嶺) 너머 떠오르는 붉은 일출을 볼 수도 있지 않을까 기대했지만, 나의 마음을 아는지 모르는 지, 무심한 빗줄기는 도무지 잦아들 줄을 모른다.

매년 결심을 하곤 한다. 올가을엔 노랗게 물든 부석사의 은행나무 길을 꼭 걸어보리라. 그러나 매번 또 이렇게 때를 놓치고 만다. 은행잎들은 이미 나뭇가지를 떠나 길 위에 소복하게 쌓여있다. 겨울을 저만치 앞둔 계절에 나뭇잎들도 자신을 치열하게 불태우고는 태어났던 땅으로 돌아갈 날을 기다리고 있는 듯하다.

부석사는 비와 안개에 갇혀있다. 짙은 안개로 시야를 허용치 않더니 어느 순간 하늘이, 산이 열리기 시작한다. 부석사를 수십 번은 다녀갔지만 이렇게 이른 시간에, 또 이렇게 신비로운 풍경을 만나게 되는 건 처음이다. 눈부실 정도로 푸른 가을 하늘 아래 부석사의 모습을 카메라에 담아갈 수는 없지만, 뭔가 꿈꾸는 듯 몽환적(夢幻的)이면서도 마음마저 저만치 내려놓게 하는 부석사를 마음에 담아갈 수 있어서 한편으로는 다행이란 생각도 들었다.

무량수전 앞마당에서 안양루 아래를 내려다보고 있으니 이제서야 비로소 부석사의 장쾌함을 제대로 느낄 수 있다. 부석사 가장 높은 자리에서 자연이 선사하는 최고의 풍경을 바라보던 이날의 행복을 앞으로도 잊지 못할 것 같다. 놓치기 싫은 아름다움은 찰나의 순간만큼 짧기만 하다. 겨우 몇 분의 시간이 지나면 눈앞에 펼쳐지던 황홀경은 다시 안개에 묻혀버리고 만다.

부석사에서 바라본 새벽의 태백준령 풍경은 장엄한 일출보다 오히려 큰 감동을 안겨주었다. 비와 안개에 갇혀있던 산과 하늘이 마치 거짓말처럼 잠시 제 모습을 내어주었다.

하지만 그리 아쉽지만은 않다. 어차피 마음이라는 필름에 담은 이미지를 사진으로 오롯이 표현할 재주는 없으니 그 모습 그대로 눈으로, 마음으로 담아두는 거로 충분하다. 찾는 이의 발걸음이 뜸해 한적하기까지 했던 어느 늦가을 새벽녘의 부석사는 내가 마음속으로 그려왔던 부석사의 모습 그대로였다.

모든 나무가 잎을 떨구고 겨울 채비를 하고 있는데, 마지막 남은 단풍나무가 안개에 젖은 나뭇잎들을 흔들며 배웅을 해주는 듯하다. 이날의 부석사는 비와 안개에 젖었지만, 이루 형언할 수 없는 고요함과 풍요로움에 젖어 부석사를 내려올 수 있었다. 속세에서의 삶도 이날처럼 촉촉이 젖을 수 있다면 참 좋을 텐데 말이다.

부석사 무량수전은 봉정사 극락전과 더불어 우리나라에서 가장 오래된 목조건축물로써 그 가치를 인정받고 있다. 국립중앙박물관장을 지낸 고(故) 최순우 선생은 무량수전을 두고 "멀찍이서 바라봐도, 가까이서 쓰다듬어봐도 의젓하고도 너그러운 자태이며, 근시안적인 신경질이나 거드름이 없다."라고 표현했다.

부석사를 둘러싸고 있는 주변의 풍광도 좋거니와 건축물 또한 아름다우니 꼭 관심 있게 챙겨 보아야 한다. 절의 가장 높은 곳에 있는 무량수전은 아미타불을 모신 본전이다. 국보 제18호로 지정된 이 유서 깊은 건축물은 과거

우리나라에서 가장 오래된 목조건물로 손꼽혔지만, 이후 연구 결과로는 안동 봉정사 극락전이 무량수전보다 연대가 조금 앞서는 것으로 인정받고 있다.

무량수전은 비단 오래된 목조건물이라는 역사적 의미뿐만 아니라 미학적 가치도 빼놓을 수 없다. 전통문화를 발굴하고 연구하는 데 한평생을 보냈던 혜곡 최순우 선생은 『무량수전 배흘림기둥에 기대서서』라는 책을 통해 무량수전의 아름다움이 널리 알려지는 데 공헌했다. 무량수전의 기둥들은 가운데가 가장 두껍고, 위아래로 갈수록 두께를 줄임으로써 곡선의 체감을 갖도록 했는데, 이를 배흘림기둥이라고 부른다. 봉정사 극락전이나 수덕사 대웅전같이 오래된 목조건축에서도 그 흔적을 찾을 수 있는데, 학창 시절에 엔타시스 양식으로 배웠던 기억이 난다.

무량수전 안에는 국보 제45호인 소조아미타여래좌상이 모셔져있다. 보통 불전의 정면에 불상이 있는데, 이곳은 특이하게도 불전의 서편에서 부처님이 동쪽을 바로 보고 있다. 무량수전의 규모가 크지 않다 보니 불상을 정면에 배치하면 사람들과의 거리가 너무 가까워지는 것을 염려해 왼편으로 치우진 곳에 둠으로써 공간감을 만들어내고, 불상 앞에 늘어선 기둥으로 인해 경건함과 장엄한 느낌을 주려 했다는 것이다.

이와 관련한 다른 견해도 존재한다. 부석사 무량수전에는 협시보살이나 다른 보살이 같이 모셔져있지 않고, 아미타불만이 독존으로 봉안되어있다. 이는 다른 사찰의 금당에선 좀처럼 보기 힘든 것으로, 무량수전이 과거 금당(金堂)이 아닌 강당(講堂)이었다는 증거라는 것이다. 최근에 부석사 경내에서 발견된 명문와(銘文瓦)에서 강당이란 이름이 나오고, 무량수전과 관련된 문헌에서도 이를 뒷받침할 만한 사료(史料)가 발견되고 있다는 것이 주장의 근거인데, 역사적 진실의 실체에 접근해간다는 의미에서 사뭇 흥미로운 대목이다.

안양루를 지나 무량수전 앞마당에 서면 오래된 습관처럼 석등 사이로 무량수전 편액을 살펴보곤 한다. 카메라 앵글 속 피사체로서도 충분히 매력적이다. 편액(扁額)의 글씨는 중후하면서도 부드럽다. 1361년 홍건적의 난을 피해 영주로 내려온 고려 공민왕이 쓴 글씨라고 하니 무량수전을 바라보고 있노라면 역사 속 인물이 현실에서 다시 살아나는 기분을 느끼게 된다.

깊어가는 가을날 부석사를 빛내주는 것은 노랗게 물든 은행나무들이다. 이 무렵 부석사에 오르는 길은 마치 노란 물감으로 색칠한 듯 은행나무와 붉게 익어가는 사과가 환상적인 조화를 이루며 방문객을 반긴다.

문화재적 가치는 무량수전에 비해 높게 인정받지 못하겠지만, 더욱더 다채롭고 풍성한 풍경을 보여준다는 측면에서 아마추어 사진가로서 안양루에 더 높은 점수를 주고 싶다. 안양루는 누각이되, 누문의 역할도 하고 있다. 안양루와 범종루 사이를 채우고 있는 넓은 마당에서 보면 안양루는 2층 누각인데, 무량수전 앞마당에서 보면 단층짜리 전각처럼 보인다.

　무량수전 앞마당에서 장쾌한 산줄기를 바라보는 것이 부석사 제일의 풍경이라 치면, 파란 하늘과 산자락을 배경 삼아 돌계단을 따라 안양루와 무량수전이 비스듬히 이어지는 풍경 또한 빼놓을 수 없는 장관(壯觀)이라 할 만하다. 안양문을 지나 만나게 되는 무량수전은 극락(極樂)을 뜻함이니 안양문은 곧 극락에 이르는 문이라 여겨도 되겠다. 조선 후기 방랑 시인 김삿갓으로 유명한 김병연이 안양루에서 바라보는 경치를 이곳에 시문으로 남겨놓았으니 찾아 읽어보는 것도 좋은 여행법일 것 같다.

　　平生未暇踏名區

　　평생에 여가 없어 이름난 곳 못 왔더니

　　白首今登安養樓

　　백수가 된 오늘에야 안양루에 올랐구나

　　江山似畵東南列

　　그림 같은 강산은 동남으로 벌려있고

　　天地如萍日夜浮

　　천지는 부평 같아 밤낮으로 떠있구나

　　風塵萬事忽忽馬

　　지나간 모든 일이 말 타고 달려온 듯

　　宇宙一身泛泛鳧

　　우주간에 내 한 몸이 오리마냥 헤엄치네

百年幾得看勝景

백 년 동안 몇 번이나 이런 경치 구경할까

歲月無情老丈夫

세월은 무정하다 나는 벌써 늙어있네

– 김병연, 「浮石寺」

무량수전과 같이 이름난 건축물을 보며 아름다움을 예찬(禮讚)하는 것은 어렵지 않다. 그 앞에 서면 미학적 완성도뿐만 아니라 세월의 무게에 절로 압도당할 것이기에. 하지만 그러한 찬사(讚辭)와 감탄이 공허함으로 돌아오지 않으려면 그것을 완성했던 목수의 흔적까지도 찾아낼 수 있어야 한다는 한양대 건축학부 서현 교수의 따끔한 지적에 고개를 끄덕일 수밖에 없다.

그는 단언한다. 단 한 번도 역사에 이름을 남길 기회를 얻지 못했던 그들의 존재가 침묵(沈默)의 건물을 통해 드러나지 않을 때, 우리 앞의 그것은 단지 나무토막의 조합에 불과하다고. 그때 되뇌는 아름다움은 가식적(假飾的)이고, 찬미는 공허하다고. 마음에 각인되지 않고 스치는 노정의 여행은 시간 낭비에 지나지 않는다고. 무량수전 앞마당에 우두커니 서서 오래되고 말 없는 건물 뒤에 드리워진 목수들의 그림자를 좇아본다.

건축 자체의 미학에도 까막눈인 내게 부담스러운 가르침이다. 하지만 짧은 순간 머무르며 쫓기듯 몇 장의 사진을 남기는 것보다는 훨씬 의미 있는 여정(旅程)이 될 것만은 충분하기에 그 길을 좇아 가보려 한다. 지금까지와는 조금 다른 그런 여정이 되길. 수고스러운 발걸음이 시간 낭비에 그치지 않는 답사 여행이 되었으면 더할 나위 없이 좋겠다.

무량수전 앞마당에서 장쾌한 산줄기를 바라보는 것이 부석사 제일의 풍경이라 치면, 파란 하늘과 산자락을 배경 삼아 돌계단을 따라 안양루와 무량수전이 비스듬히 이어지는 풍경 또한 빼놓을 수 없는 장관이라 할 만하다.

아주 오래전 꽤 무더웠던 어느 여름날로 기억된다. 해 질 무렵에 부석사에 올랐던 적이 있다. 때마침 저녁 예불 시간에 맞춰 웅장하면서도 따뜻한 종소리가 산자락을 휘감아돌았던 그때의 감흥은 지금도 잊히지 않는다. 사방은 조금씩 어두워지고, 그 어둠 속으로 번잡스럽던 마음도 서서히 사라지는 듯한, 묘한 느낌이었다.

절을 찾는 분에게는 아침이나 저녁 무렵에 절을 찾으시라고 권해드리곤 한다. 확실히 한낮의 번잡함 속에서 바라보던 절에서는 도저히 느낄 수 없는 마음의 평안을 얻을 수 있을 것이다. 백문이 불여일견이라고 하질 않았던가. 입에 침이 마르도록 칭찬해도 지나치지 않는 곳, 부석사를 찾아가는 작은 수고를 더 이상 미루지 않았으면 한다. 분명 그 걸음은 느리되, 그 시선은 오래된 것에 대한 애정을 듬뿍 담은 것이어야 한다는 것도 잊지 않도록 하자.

마곡사

마곡사

눈 덮인 들판을 걸어갈 때 어지럽게 함부로 걷지 말라

마곡사는 봄 경치가 수려하다고 해서 붙은 '춘마곡'이라는 별칭이 더 유명하다. '춘마곡추갑사(春麻谷秋甲寺)'라고들 하는데 내가 찾았던 마곡사나 갑사 모두 봄, 가을을 가리지 않고 사계절 언제나 좋았다. 좋은 것은 어느 때 찾아도 좋은 법이다. 태화산의 나무와 봄꽃들은 연한 물감을 퍼뜨린 듯 봄볕에 생기가 움터 아름다움을 뽐낸다.

그래도 봄날 마곡사의 진경(珍景)에 푹 빠진 사람들은 긴 겨울을 지나 맑은 개울물이 흐르고 신록이 우거지는 마곡사의 봄에 홀리지 않을 재간이 없다고들 한다. 절 이름은 법문(法問)을 듣고 경치를 구경하러 오는 사람들이 골짜기를 가득 메우니, 그 모습이 마치 삼이 서있는 것과 같다는 데서 유래했다.

새로 조성된 넓은 주차장에서 십여 분 정도 느릿느릿 걸으면 마곡사에 당도한다. 울창한 숲 덕분에 눈이 시원하다. 계곡의 물소리는 새소리와 어우러져 아름다운 화음을 선사한다. "절은 고갯마루 아래에 있었고, 10여 리 길가에 푸른 시냇물과 흰 바위가 있어 저절로 눈이 뜨였다."라며 마곡사 주변의 풍경을 예찬(禮讚)했던 옛사람의 표현 그대로다.

뒤로는 국사봉, 서쪽으로는 옥녀봉, 동쪽으로는 태화산에 포근하게 안겨있다. 국사봉에서 발원한 마곡천은 절집을 관통해 만곡을 이루며 흐른다. 절은 산봉우리들 사이로 청계수가 흐르는 이른바 연화부수형의 명당에 자리 잡고 있다.

마곡사의 본당인 대광보전 뒤편으로 가파른 돌계단을 올라가면 웅장한 대웅보전이 위용을 드러낸다. 부처님 오신 날을 앞두고 경내에 내걸린 형형색색의 연등이 불자들을 인도하듯 바람에 흔들린다. 봄날의 마곡사는 춘마곡(春麻谷)의 명성답게 아름답다.

충청남도 지역의 크고 작은 절들을 이끄는 조계종 제6교구 본사로 신라 선덕여왕 9년(640)에 자장율사가 창건한 것으로 전해지고 있다. 일제강점기 때는 31본산 가운데 한 곳으로 충남 지역 일대의 100여 사찰을 거느린 대찰이었고, 지금도 인근의 70여 말사를 관장하고 있지만, 과거보다는 절의 규모가 많이 축소되었다.

대광보전의 현판은 표암(豹菴) 강세황의 글씨인데, 유려하면서도 힘이 느껴진다. 대광보전 앞에는 상륜부에 모자를 쓴 듯 금속으로 된 독특한 형태의 탑을 얹고 있는 마곡사 오층석탑 (보물 제799호)이 있다. 이런 청동제의 보탑을 풍마동이라고 부른다.

마곡사가 위치한 산과 물의 위치는 태극형으로 『택리지』나 『정감록』 등에 따르면 조선 시대에 전란을 피하여 몸을 보전할 수 있고 사람이 살기 좋은 십승지지(十勝之地)의 하나로 손꼽혔다고 한다. 절을 둘러싸고 태극 모양의 계류(溪流)가 휘감아돌다가 물줄기가 천왕문 앞에서 만나 흘러내려 간다.

아쉽게도 비서(祕書)들의 예언은 맞아떨어지지 않은 것 같다. 마곡사는 고려 명종 2년(1172) 보조국사 지눌이 중창하기 이전까지는 폐사돼 도적들의 소굴로 전락(轉落)했었고, 임진왜란 때도 큰 화(禍)를 입어 모든 건물이 소실(燒失)된 아픈 역사가 있기 때문이다.

백범(白凡) 김구 선생과도 인연이 깊다. 백범 선생은 명성황후 시해범인 일본군 중좌를 죽이고 인천 형무소에서 사형수로 옥살이하다가 탈옥한 후 마곡사에서 은거 생활을 하며 원종스님이란 법명으로 출가했다.

응진전 옆에 선생이 지냈던 백범당과 해방 후 다시 찾아와 심었다는 향나무, 승려가 되기 위해 삭발식을 치르며 눈물을 흘렸다는 삭발바위가 마곡사 일대에 그대로 남아있다. 마곡사, 삭발바위, 군왕대, 백련암을 연결한 '백범 명상길'이 조성되어있으니, 절만 둘러볼 것이 아니라 시원한 마곡사 계곡의 물소리를 즐기며 여유롭게 걸어보는 것도 좋겠다.

해탈문을 들어서면 좌우로 금강역사상과 문수·보현동자상이 맞이한다. 번뇌와 속박의 굴레에서 벗어나라고 하는 해탈문을 지나 천왕문에 이르면 본격적인 절의 영역에 들어선다. 지국(持國), 광목(廣目), 증장(增長), 다문(多聞)의 사천왕이 불국토를 수호하는 문지기로 서있다. 사천왕상은 거대한 크기로 악귀를 발밑에 깔고 있는 모습이지만, 무섭기보다는 차라리 어수룩해보인다. 이는 조선 후기 소조불로 모신 천왕상의 전형이라고 한다.

대개 절들이 초입에 개울을 건너 몸과 마음을 씻게 하고 나서 본격적인 절 영역이 시작되는 것과는 달리 마곡사는 개울을 사이에 두고 수행(修行) 공간인 남원과 교화(敎化) 공간인 북원으로 나뉘는 독특한 공간 구조로 되어있다. 해탈문과 천왕문을 지나 개울을 건너기 전에 왼쪽으로 방향을 틀면 영산전 영역이다.

명부전은 천왕문을 지나 마곡천을 건너기 전 왼편에 있는데, 가을이면 단풍나무가 붉게 타오르는 장관을 선사한다. 지장보살과 함께 시왕을 모시기 때문에 시왕전이나 지장전으로도 불린다. 지장보살은 지옥에서 고통받고 있는 중생들을 구제하기 위해 영원히 부처가 되지 않는 보살이다.

개울 남쪽에 있어 남원이라 부르는 수행 공간이다. 명부전과 국사당 등 주로 저승 세계를 관장하는 전각들과 선방인 수선사, 요사(寮舍)인 매화당이 있다. 단풍나무가 숲을 이루고 있어 가을이면 천지가 불타는 듯 붉은빛의 화려한 향연이 펼쳐진다.

이 절에서 가장 오래된 건물인 영산전은 찾는 이가 많지 않아 한적(閑寂)한 느낌마저 든다. 영산전 현판은 조선의 7대 국왕인 세조가 쓴 글씨라고 한다. 매월당 김시습이 이 절에 머문다는 말을 듣고 세조가 찾아왔는데, 정작 만나지 못하고 글씨만 남기고 갔다는 이야기가 전하고 있다. 마곡사를 둘러보고는 만세 동안 없어지지 않을 땅이라고 감탄했다고 한다. 오래된 단청은 빛이 바래 예스럽다.

춘마곡(春麻谷) 마곡사에도 가을이 깊게 내려앉았다. 마곡천을 품에 안고 있는 태화산 자락에도 울긋불긋 단풍이 절정으로 치닫고 있다. 그림 같은 풍경 속에 연화교를 건너는 사람들의 발걸음마저 여유로워 보인다.

극락교를 지나 개울을 건너면 마곡사의 중심 공간인 대광보전에 이른다. 정면 5칸, 측면 3칸의 장중한 팔작지붕 건물로 수평으로 듬직하게 앉아있다. 조선 후기인 정조 12년(1788)에 세워졌으니 조선의 르네상스로 불리던 정조 시대 문화의 당당한 모습을 보여준다. 대광보전 현판은 영·정조 시대 예원(藝苑)의 총수로 불리는 표암(豹菴) 강세황의 글씨이다.

대웅보전은 마곡사 북원의 가장 북쪽 높은 자리에서 남향하고 있다. 화엄사 각황전과 더불어 우리나라 중층 목조건물의 대표격이다. 대웅보전의 기둥을 안고 한 바퀴 돌면 수명이 6년 늘어난다는 재미난 이야기가 전한다.

법당의 서쪽에는 본존인 비로자나불(毘盧遮那佛)을 모셔놓았는데, 동쪽을 바라보고 있다. 영주 부석사의 무량수전이 떠오르는 대목이다. 무량수전에는 서방 극락을 주재하는 아미타불(阿彌陀佛)이 이런 모양으로 앉아있는데, 비로자나불이 이처럼 앉아있는 경우는 극히 드물다. 대광보전 안에는 세조가 김시습을 만나러 왔을 때 타고 왔다는 연(輦)이 지금도 남아있다.

대광보전 앞에 상륜부에 모자를 쓴 듯 금속으로 된 독특한 형태의 탑을 얹고 있는 석탑이 있다. 보물 제799호 마곡사 오층석탑이다. 이런 청동제의 보탑을 풍마등이라고 하는데, 라마교에서 받아들인 것이라고 한다. 원나라의 영향을 받은 양식이니 고려 말기에 세워진 것을 알 수 있다.

　멀리서 보면 대광보전 뒤편으로 지붕 하나가 불쑥 솟아있다. 계단을 올라 오솔길을 따라가면 넓지 않은 터에 2층 건물의 대웅보전이 있다. 1층이 정면 5칸 측면 4칸, 2층은 정면 3칸 측면 2칸 규모로 당당하다. 구례 화엄사 각황전, 부여 무량사 극락전, 김제 금산사 미륵전 등과 함께 우리나라에서 흔치 않은 중층 건물이다.

　법전 가운데 석가모니를, 서쪽으로 아미타여래를, 동쪽으로 약사여래를 모셨다. 약사여래는 약합을 들지 않고 아미타여래와 똑같은 손 모양을 하고 있다. 정면 문의 칸살이 단순한 격자에서 벗어나 창살에 얌전한 조각을 얹은 빗꽃살이다. 조각이 화려하지 않아 선뜻 눈에 띄지 않으나 은근한 맛이 있고, 안에서 밖을 내다보면 간결한 격자무늬 그대로 빛이 비쳐들어 매우 단정한 인상을 준다.

　그 안에 손때 묻어 윤기가 자르르한 싸리나무 기둥이 네 개가 있다. 저승에 가서 염라대왕 앞에 가면 "마곡사 싸리나무 기둥을 몇 번이나 돌았느냐?"라고 물어, 많이 돌았을수록 극락길이 가깝고, 아예 돌지도 않았다면 지옥으로 떨어진다고 하여 많은 사람이 기둥을 붙들고 돌기 때문이라고 한다.

　　눈 덮인 들판을 걸어갈 때

　　어지럽게 함부로 걷지 말라

　　오늘 그대가 가는 이 발자취가

　　뒷사람의 이정표가 될 것이니

따사로운 봄볕 아래 걷다 보니 이내 백범당에 걸린 서산대사의 선시(禪詩) 아래 섰다. 백범 김구 선생께서 즐겨 사용하시던 휘호라고 한다. 마곡사가 세상에 전하는, 나에게 던지는 화두(話頭)처럼 느껴진다. 뒷사람의 이정표가 될지도 모를 길을 제대로 걷고 있는지. 왠지 자신이 없음은 나뿐이런가.

백범 선생은 명성황후 시해범인 일본군 중좌를 죽이고 인천 형무소에서 사형수로 옥살이하다가 탈옥한 후 마곡사에서 은거 생활을 하며 원종스님이란 법명으로 출가했다. 응진전 옆에 선생이 지냈던 백범당과 해방 후 다시 찾아와 심었다는 향나무가 남아있다.

대흥사

대흥사

오랜 세월 한 몸으로 사랑해온 연리근 이야기

대흥사(大興寺)는 우리 국토의 땅끝, 해남 두륜산(頭崙山)의 빼어난 절경을 배경으로 자리한 사찰로 조계종 22교구의 본사이다. 두륜산은 백두산의 '두'와 중국 곤륜산의 '륜'을 합친 것인데, 대둔산(大芚山)으로도 불렸기 때문에 처음에는 절 이름을 대둔사라고 하다가 근대 초기에 대흥사로 바꾸었다.

대부분의 고찰이 그렇듯 대흥사 역시 정확한 창건 연대를 밝히기는 매우 어렵다. 정관스님이 426년 대흥사 산내 암자의 하나인 만일암을 창건했다는 이야기도 있고, 544년 아도화상(阿度和尚)이 처음 절을 세웠다는 주장도 있다. 현재 대흥사에서는 대체로 아도화상의 창건설을 따르는 편인데, 응진전 앞 삼층석탑의 제작 연대가 통일신라 말기 경으로 추정되고 있어 늦어도 그 이전에 창건된 것으로 보는 것이 합리적이다.

대흥사는 호국 불교의 정신이 살아 숨 쉬는 도량으로 유명하다. 임진왜란 때에는 서산대사(西山大師)가 거느린 승군의 총본영이 있었다. 지금도 경내에는 스님의 호국 정신을 기리는 표충사(表忠祠)가 남아 개인의 수행 못지않게 국가의 안위를 걱정했던 한국 불교의 전통을 전하고 있다. 매년 이곳에서 서산대제를 비롯한 행사가 열리고 있다.

왜란이 끝난 후 서산대사가 전쟁을 비롯한 삼재가 미치지 못할 곳으로 만년 동안 훼손되지 않는 땅이라 하여 의발(衣鉢)을 보관하면서 대흥사의 중흥기가 시작됐다. 한국 불교사에서 중요한 위상을 차지하는 도량으로 자리매김하게 된 것이다.

대흥사는 금당천을 경계로 크게 네 가지 구역으로 나뉜다. 대웅보전이 위치한 북원, 천불전이 있는 남원, 서산대사의 사당이 있는 표충사 구역과 새로 당우들이 조성되고 있는 대광명전 구역이다. 개울을 건너 대웅전이 자리 잡고 있다.

풍담스님으로부터 초의스님에 이르기까지 열 세분의 대종사(大宗師)와 만화스님으로부터 범해스님에 이르기까지 또한 열 세분의 대강사(大講師)가 배출되었다. 조선의 숭유억불 정책으로 크게 위축될 수밖에 없었던 암울한 시대 상황 속에서 한국 불교의 명맥(命脈)을 이어준 축복과도 같은 존재들이었다.

높은 지대에 있는 천불전은 남원(南院)의 중심 법당이다. 대흥사 천불전은 우리나라 천불전 건물을 대표할만한 역사적, 학술적, 예술적 가치가 있는 것으로 평가되고 있다. 높은 기단 위에 서있는 건물의 비례와 단청의 화려함이 돋보인다. 2013년 8월에 보물 제1,807호로 지정되었다.

또한, 13 대종사 가운데 한 분인 초의선사 덕분에 대흥사는 우리나라 차문화(茶文化)의 성지로 자리 잡았다. 대흥사 뒤에는 초의선사가 기거하던 일지암이 있고, 매년 초의선사 문화제를 통해 다례를 전파하는 행사가 열린다. 특히나 해남과 강진 등 전남 서남 해안의 사찰들에서 초의선사라는 인물을 빼놓고는 이야기가 되지 않을 것 같다.

산중에 자리 잡은 절 치고는 터가 꽤 넓어 남원과 북원 그리고 별원의 3구역으로 나뉘어 건물들이 자리하고 있다. 북원에는 대웅보전을, 남원에는 천불전을 중심으로 여러 전각이 자리하고 있다. 남원 뒤쪽으로는 서산대사의 사당인 표충사와 대광명전이 있는 별원 구역이다.

대흥사 경내와 암자에는 적지 않은 문화재가 있다. 북미륵암 마애여래좌상은 국보 제308호로 지정되어 있고, 보물 제88호 탑산사 동종 등 보물만도 여섯 점이나 된다. 대흥사 도량 전체가 사적·명승 제9호로 지정되어있어 대흥사의 유구한 역사와 전통을 말없이 대변하고 있다.

해남군에서도 깊은 자리에 있어서 한번 가려면 큰마음을 먹어야 한다. 대흥사에 이르는 십 리 숲길은 수려(秀麗)함이 여느 숲길에 뒤지지 않는다. 조용히 사색하며 산책하기 좋은 길이다. 가는 길에 있는 유선여관도 유명한 볼거리 중 하나다.

미황사, 녹우단, 땅끝마을도 같이 둘러보면 좋을 곳들이다. 몇 해 전에는 두륜산 케이블카가 문을 열어 많은 관광객의 발길이 끊이지 않는 해남의 관광 명소가 됐다. 인근의 강진에는 무위사, 백련사, 다산초당 등도 있으니 해남과 강진이야말로 남도 답사의 일 번지요, 우리나라 문화유산의 보고(寶庫)라도 불러도 과하지 않을 것 같다.

문재인 대통령과도 특별한 인연이 있다. 사법시험을 공부하던 시절인 1978년에 8개월 정도 대흥사에 머물면서 정진했던 사실이 알려지면서 대중의 관심을 받기도 했다. 한국전쟁 중에 해남이 북한군에게 점령당했을 때에도 이 절은 아무런 피해를 보지 않았다고 하니 명당은 명당인가 보다.

사람들로 붐빈다는 건 별로 탐탁잖은 일이다. 미지의 곳으로 여행을 떠나 그곳만의 특유한 감흥을 간직하고 돌아오려면 번잡스러움은 피하는 게 상책이다. 주차장은 관광버스를 타고 온 단체 관광객들로 이미 만원이었지만 다행히 소란스럽지는 않았다.

천불전에 모셔진 불상들은 경주의 불석산에서 나오는 옥석으로 열 명의 스님들이 여섯 해에 걸쳐 완성했다고 한다. 세 척의 배에 나누어 싣고 해남으로 출발했는데, 도중에 풍랑을 만나 표류하다 일본을 다녀온 불상 768구의 어깨나 좌대 아래에는 일(日) 자를 써 따로 표시해두었다는 이야기가 전한다.

해탈문에 이르는 길은 걷기에 참 좋다. 군데군데 노란 개나리가 피어있고 대흥사를 둘러싸고 있는 숲의 품은 넓고 따뜻하다. 그 속을 가로질러 흐르는 계곡의 물소리가 시원스럽다. 조금 걸어가다 보면 유선관을 만나게 된다. 유서 깊은 여관에서 하룻밤을 묵을 수 있는 호사는 다음으로 미뤄야겠다.

대흥사 경내는 무척 넓어 둘러보기에 쾌적하지만, 초행자들은 넓은 마당에 서면 어디로 가야 할지 갈피를 잡기 어렵다. 대흥사는 금당천을 경계로 크게 네 가지 구역으로 나뉜다. 대웅보전이 위치한 북원, 천불전이 있는 남원, 서산대사의 사당이 있는 표충사 구역과 새로 당우들이 조성되고 있는 대광명전 구역이다.

먼저 찾은 곳은 천불전이었다. 높은 지대에 있는 천불전은 남원(南院)의 중심 법당이다. 이름 그대로 천 개의 불상을 모셔놓은 곳이다. 천불전에 모셔진 불상들은 경주의 불석산이란 곳에서 나오는 옥석을 가져와 열 명의 스님들이 무려 여섯 해에 걸쳐 완성했다고 한다. 그 정성이 실로 대단하다 하겠다.

6년에 걸쳐 천 불을 다 만들자 세 척의 배에 나누어 싣고 해남으로 출발했는데, 도중에 풍랑을 만나 표류하다 일본의 나가사키 현으로 흘러갔다고 한다. 옥불이 가득 실린 배를 본 일본 사람들이 절을 지어 모시려 하자 그들의 꿈에 불상들이 나타나 "우리는 해남 대둔사로 가는 길이니 여기에 머물 수 없다."라고 해 결국 모든 불상이 대흥사에 안치된 것이 순조 18년 때인 1818년이었다는 이야기다. 일본을 다녀온 불상 768구의 어깨나 좌대 아래에는 일(日)자를 써 따로 표시해두었다고 하니 무심코 보아 넘겼던 천불전의 불상에서도 결연한 불심이 느껴진다.

천불전을 나오니 대웅보전 앞이 무척 분주한 모습이다. 얘기를 들어보니 주한 외교사절 가족들이 이곳에서 1박 2일 템플스테이 행사를 한 모양이다. 아마도 그들에게는 천년 고찰에서의 하룻밤이 분명 좋은 경험이 되었을 것이다. 산사에서 파란 눈의 이방인들을 만나는 느낌이 오히려 생소하게 느껴진다.

대웅보전은 정면 5칸, 측면 4칸의 반듯하고 당당한 건물로, 조선 현종 8년(1667)에 중수했다는 기록이 있으니 무려 사백 년 가까이 된 건물이다. 대웅보전 현판의 필체가 눈에 익다 싶었더니 동국진체를 완성한 조선 후기의 명필 원교 이광사의 작품이라고 한다.

이광사가 쓴 현판에는 추사 김정희와 얽힌 흥미로운 이야기가 전해온다. 추사는 제주도에서 8년간 유배 생활을 했는데, 그때 대흥사 주지가 추사와 무척 절친했던 초의선사였다. 제주로 유배를 가던 중 대흥사에 들러 하루를 묵었는데, 그때 대웅보전에 걸린 이광사의 글씨를 보고 "이광사는 조선의 글씨를 망쳐놓은 사람인데 어찌 이광사의 글을 대웅보전에 걸어놓을 수 있느냐!"라고 초의선사에게 버럭 화를 냈다고 한다.

그리고는 무량수각(無量壽閣)이라는 현판 글씨를 하나 써서 바꿔 달게 하고는 제주로 떠났다. 이후 추사는 유배지에서 고초를 겪으며 추사체를 완성하고, 문인화의 최고봉이라는 걸작 「세한도」를 남기게 된다. 8년 뒤 유배가 풀려 한양으로 돌아가는 길에 다시 대흥사에 들러 초의선사를 만난 추사는 초의선사에게 대웅전 현판에 걸린 자신의 글씨를 떼고 이광사의 글씨를 다시 걸라는 부탁을 했다고 한다. 최고의 경지에 오른 사람만이 누릴 수 있는 겸양(謙讓)과 배려(配慮)의 미덕을 엿보게 하는 대목이다.

이 절은 순천에 있는 송광사의 느낌을 많이 닮았다. 송광사처럼 금당천 개울을 건너 대웅전이 자리 잡고 있기 때문일 것이다. 시원한 계곡에는 맑은 물이 쉼 없이 흐르고 다리를 건너면 피안의 세계에 다다를 수 있는 구조다. 공주 마곡사 역시 절이 물줄기로 나뉘어있어 절을 떠올리면 자연스레 청량함이 떠오른다.

대흥사의 빼놓을 수 없는 볼거리가 바로 연리근이다. 수령이 오백 년이 훨씬 넘은 것으로 추정되고 있는 이 느티나무는 높이가 20m에 둘레는 4.4m에 달한다. 왼쪽이 음(陰)의 형태를, 오른쪽이 양(陽)의 모습을 지니고 있다고 한다. 허물어지는 언덕에 돌로 축대를 쌓고 보토하여 느티나무의 뿌리를 보

수령이 오백 년이 훨씬 넘은 것으로 추정되고 있는 이 느티나무는 높이가 20m에 둘레는 4.4m에 달한다. 왼쪽이 음(陰)의 형태를, 오른쪽이 양(陽)의 모습을 지니고 있다고 한다. 허물어지는 언덕에 돌로 축대를 쌓고 보토하여 느티나무의 뿌리를 보호하고 있다.

호하고 있다. 앞에는 작은 나무들로 하트 모양을 만들어 지나는 이들의 시선을 끈다.

연리(蓮理)는 두 나무가 가까이서 자라다가 서로 겹쳐져 하나가 되는 것을 말한다. 뿌리가 하나 되면 연리근, 줄기가 겹쳐지면 연리목, 가지가 하나로 만나면 연리지라고 부른다. 리(理) 자는 나이테를 의미한다.

시원한 계곡에는 맑은 물이 쉼 없이 흐르고 다리를 건너면 피안의 세계에 다다를 수 있는 구조다. 선암사 승선교처럼 아름다운 무지개다리는 아닐지언정 돌을 단정하게 쌓아 올린 모습에서도 예술적 미학을 엿볼 수 있다.

연리라는 말은 중국 당나라 시대의 시인 백낙천(772-846)의 시에서 연유했다. 재위 초기 성군(聖君)으로 불리며 당나라의 전성기를 열었던 현종이었지만, 경국지색(傾國之色) 양귀비와 사랑에 빠져 정사를 소홀히 한 탓에 혼군(昏君)으로 전락했다. 안록산의 난을 피해 도망치던 길에서 호위하던 무장(武將)들이 나라를 혼란스럽게 한 양귀비의 처벌을 요구하자, 어찌할 도리 없이 그녀를 죽이고 말았다고 한다. 이후 백낙천이 현종과 양귀비의 비극적인 사랑을 7언 120구의 장편 서사시 「장한가(長恨歌)」로 지었으니 이 시로 인하여 사람들 사이에 지금도 회자되고 있다.

칠월칠일 장생전에서 함께 즐길 때,	七月七日長生殿
야밤삼경 남모르게 주고받은 말이지요.	夜半無人私語詩
하늘에선 비익조가 되기를 원하고요,	在天願爲比翼鳥
땅에서 연리지가 되기를 원했어요.	在地願爲連理枝
천지가 장구해도 다 할 때 있으련만,	天長地久有時盡
면면한 이 한만은 그칠 날이 없으리라.	此恨綿綿無絶期

이 「장한가」에서 나온 말이 '비익조(比翼鳥)'와 '연리지(連理枝)'다. 비익조는 암수가 눈과 날개가 하나씩이어서 짝을 지어야만 날 수 있다는 새고, 연리지는 두 나무의 가지가 닿아 하나의 몸이 되었다는 나무를 뜻한다. 흔히 부부를 상징하는 말로 쓰이는데, 보통 '비익연리(比翼連理)'라고 한다.

뿌리가 하나로 붙은 연리근은 소원을 들어주고 행운을 가져다준다는 속설이 있어 사람들이 길조(吉兆)로 여겨 귀하게 여긴다. 그래서인지 이 절에서도 108일 동안 연리근 아래 연등을 걸어두며 기원하는 의식을 따로 마련해두었나보다. 흔히 이런 나무를 두고 부모와 자식의 사랑, 연인의 사랑에 빗대어 사랑나무라고 부르는데, 대흥사의 느티나무 연리근도 오랜 세월을 그렇게 한 몸으로 사랑해왔으리라. 늘 한자리에서 변함없는 마음으로 서로를 지켜보고 있다는 것만으로도 대흥사 연리목은 충분히 아름다웠다.

봉정사

봉정사

서로 다른 얼굴을 한 세 개의 마당을 만나다

일상의 번잡함을 지워보려 절을 자주 찾곤 한다. 불어오는 바람에 몸을 내맡기고 있노라면 들리는 것이라곤 산사의 적요(寂寥)를 깨우는 풍경 소리와 스님의 진중한 독경 소리, 목탁 소리뿐이다. 혼탁한 속세의 소리가 사위어지는 것 같아 참 좋다. 잠시나마 일상의 상념(想念)에서 벗어나 내 안의 소리에 고요히 집중할 수 있는 소중한 공간이다. 그중에서도 봉정사는 내가 사랑하는 절집으로 손꼽을 만한 곳이다.

봉정사는 경북 안동시 서후면의 천등산에 자리 잡고 있다. 현재 남아있는 여러 기록에 따라 신라 문무왕 때 의상대사의 제자인 능인대사가 창건한 것으로 추정하고 있다. 능인대사가 젊은 시절 대망산(천등산의 옛 이름) 바위굴에서 수도하고 있었는데, 스님의 도력(道力)에 감복한 천상의 선녀가 바위굴에 등불을 내려 환하게 밝혀주었다고 한다. 그때부터 산 이름을 천등산, 굴을 천등굴이라 불렀다는 이야기다.

봉정사라는 절 이름에 대해서도 전해 내려오는 이야기가 있다. 의상대사가 부석사에서 종이로 봉황을 접어 날리니 봉황이 이곳으로 날아와 머물렀다고 하여 봉정사(鳳停寺)라 불린다. 원래 모든 이름에는 그에 어울릴만한 전설이 전해져 내려오는 법인데, 봉정사 역시 예외는 아니다. 물론 이에 대한 반론도 없지 않다. 오히려 봉정사가 부석사보다 창건 연대가 4년이나 빠르다는 지적이다. 굳이 시시비비를 따지기보다는 신비로운 이야기를 통해 사람들의 신심〈信心〉을 돋워보려는 뜻으로 이해하는 편이 좋겠다.

대부분의 오래된 사찰이 산중에 있는 것은 흔한 일이지만 이곳 봉정사의 초입에서 일주문에 이르는 숲길 또한 무척 아름답다. 아름드리 소나무를 비롯해 오래된 나무들로 가득한 숲이 내뿜는 맑은 공기가 심신을 맑게 해준다.

영산암 앞마당은 아기자기하게 꾸미기를 즐기는 어느 사대부 집안의 마당을 보는 듯하다. 정연하고 단정해야 할 수도자의 집 마당에 어울리지 않을 법한 화려하고 세속적인 느낌이 물씬 풍기는 곳이다.

몇 해 전에는 진입로를 아스팔트로 포장했는데, 차로 오가기는 편해졌지만 날것 그대로의 자연스러움이 사라져버려 오히려 아쉽다.

이왕이면 숲길을 걸어 봉정사 깊은 마당까지 당도하길 권하고 싶다. 잠깐의 편안함에 몸을 의지한다면 소중한 무언가를 놓쳐버릴 것이 분명하기에. 차를 타고서는 불과 몇 분이면 오르는 길을, 사방에 널린 자연에 마음을 집중하면서 한참을 걷노라면 사물을 바라볼 때 느껴지는 넓고 깊은 응시의 충만함에 가슴이 벅차오를 것이다.

길을 잠깐 벗어나 계곡으로 발걸음을 옮겨도 좋다. 매표소에서 왼쪽 계곡 쪽으로 가다 보면 단정하게 자리 잡은 누각이 한 채 있다. 원래 이름은 낙수대(落水臺)였는데, 중국 서진(西晉) 시대의 시인 육기(陸機)가 쓴 "나는 샘이 명옥을 씻어내리네(飛泉漱鳴玉)"라는 시구에서 글귀를 따 명옥대(鳴玉臺)라 고쳤다고 한다.

시냇물 흐르는 소리가 옥구슬 구르는 소리 같다는 담양의 명옥헌이 절로 떠오르는 이름이다. 잠시 시간을 내 계곡 옆 너른 바위에서 머물러도 좋다. 끊이지 않는 물소리에 세상살이의

여느 신라계 사찰과 같이 본전인 대웅전에 닿으려면 돌계단을 걸어 만세루 누각 밑을 통과해야 한다. 현판의 필체가 봉황의 날갯짓처럼 시원스럽다.

근심을 씻어보는 건 어떨까? 시간에 쫓기듯 절에 머물렀다 가기보다는 구석구석 숨겨져있는 것들을 나만의 보물로 만들 수 있는 지혜와 안목을 가져야만 제대로 된 산사 기행의 자격이 있다고 하겠다.

퇴계의 숙부이자 스승이었던 이우(李堣)는 조카에게 각별한 관심을 가졌던 모양이다. 그래서 한 마리 학처럼 기품 있는 땅의 기운을 지닌 이곳에 머물게 했다고 한다. 이런 연유로 퇴계 선생이 16살 때 봉정사에서 사촌인 이수령, 권민의, 강한과 함께 3개월 정도 독서를 했는데, 후대에 후학들이 이를 기

봉정사 극락전은 우리나라에 남아있는 목조건축물 가운데 가장 오래되었지만, 건축적 아름다움은 그리 빼어나지 못하다는 평가다. 1973년 해체 수리 때 발견된 묵서명에 의하면 1363년 중수가 있었다고 하는데, 이를 근거로 학계에서는 극락전의 건립 연대를 13세기 이전으로 추정하고 있다.

봉정사 95

넘하여 고고한 선비의 자태를 닮은 누각을 세운 것으로 전해지고 있다. 퇴계 선생은 봉정사에서 친구들과 수학하던 시절을 추억하며 노년의 소회(所懷)를 「봉정사서루(鳳停寺西樓)」라는 시로 남기기도 했다.

퇴계 선생의 유적지인 명옥대 말고도 봉정사에는 숨겨진 보석이 또 하나 있다. 하지만 원체 절의 깊은 곳에 자리 잡고 있어 사람들의 이목을 끌기에 조금 모자람이 있다. 그래서인지 절을 찾는 사람들은 대부분 모르고 지나쳐 버리는 경우가 허다하다. 요사채 뒤편의 낮은 산자락에 자리 잡은 영산암이 바로 그곳인데, 영산암은 봉정사에 딸린 참선방이다. 영화 『달마가 동쪽으로 간 까닭은』을 촬영한 곳으로도 유명하다. 화려한 볼거리가 있는 곳은 아니지만, 꼭 들러봐야 할 만한 이유가 있다.

돌로 계단을 쌓아 만든 영산암 가는 길도 운치가 있는 편이다. 원래 봉성사에서 영산암으로 가려면 계곡을 돌아가야 했는데, 영화 촬영 이후 봉정사와 영산암을 찾는 이가 늘어나면서 원래 있던 계곡을 메우고 길을 정비해 이제는 옛 정취를 느끼기 어렵게 됐다. 영원한 것은 없으니 잃어버린 것을 마냥 그리워하기보다는 세월이 쌓여가며 만들어지는 새로운 정취를 즐겨보는 것도 나쁘지 않을 것 같다.

한눈에 봐도 오래된 티가 확연한 우화루 밑으로 난 작은 대문으로 몸을 숙이고 영산암에 들어서면 작은 승방이 몇 곳에 나뉘어있다. 절의 영역에 있되, 사대부 집처럼 지어 독특한 분위기를 풍긴다. 하지만 우리가 영산암에서 눈여겨봐야 할 것은 건물이 아니라 바로 마당이다. 비록 넓지 않은 마당이지만, 이곳에서는 수도자들이 머무는 공간인 절과 어울리지 않아 보이는 인공의 아름다움이 느껴진다.

대웅전은 성속(聖俗)이 함께 공존하는 공간처럼 느껴진다. 툇마루와 난간이 있어서인지 어느 고택에 놀러 온 것처럼 친근하게 다가온다. 우리와 부처가 다르지 않으며, 누구나 부처가 될 수 있다는 믿음이 이런 대목에서 기인하는 것인지도 모르겠다.

누군가는 영산암 마당을 두고 감정의 표정을 이렇게 많이 담은 마당을 본 적이 없노라고 얘기했다. 봉정사의 기도처인 대웅전과 극락전의 앞마당은 정연(整然)한 데 반해, 영산암 앞마당은 일상의 편안함이 깃들어있다는 것이다. 문외한인 내 눈에도 분명 영산암은 보통의 절이나 암자에서 느껴지는 엄격한 규율보다는 보통 사람들의 평범한 삶의 흔적이 묻어난다. 봉정사 안에 있되, 봉정사와는 전혀 다른 분위기를 풍긴다.

영산암이란 암자 이름은 석가모니 부처가 경전을 설법하였던 영취산에서 유래하였는데, 보통은 줄여서 영산이라 부른다. 영산암으로 들어서는 우화루의 이름이 예사롭지 않다. 우화란 말 그대로 꽃비를 뜻하는데 석가모니 부처가 영취산에서 법화경을 처음 설법할 때 범천왕이 감복하여 꽃을 향기로운 바람에 실어 보냈다는 것에서 유래한 말로 환생을 뜻한다. 늦은 봄날 저녁에 꽃잎이 비처럼 쏟아지던 날의 묘한 분위기가 떠오른다. 어디가 속세인지, 어느 곳이 부처님의 세상인지 현혹되고 말았던 것이다. 우화루 현판은 원래 극락전 입구에 있던 것인데, 극락전을 보수하며 출입문과 벽을 허물게 되어 이곳에 옮겨 달게 된 것이다. 원래 자리를 떠난 것이지만 지금 자리가 더 잘 어울리는 듯 느껴진다. 바위 위에 뿌리를 내리고 가지를 뻗고 있는 반송의 모습이 수행자의 결연한 기개를 드러내는 듯하다.

그래도 봉정사 하면 자연스레 떠오르는 것이 바로 극락전이다. 목조건물의 박물관이라는 칭송을 듣는 봉정사의 여러 건축물 중에서도 제일로 친다. 극락전은 배흘림기둥으로 유명한 부석사의 무량수전을 뛰어넘어 현존하는 우리나라 최고(最古)의 목조건물로 인정받고 있다. 국보 제15호로 지정되어있으며, 봉정사를 찾는 사람들이 빼놓지 않고 꼭 들러보는 필수 코스기도 하다.

아직은 한기가 느껴지던 겨울날이었지만 만세루에 따사롭게 내리쬐는 오후의 햇살이 추위를 잊게 해주었다. 동장군이 아무리 매섭다 한들 스멀스멀 스며드는 봄기운을 이길 수 있을까.

이왕이면 숲길을 걸어 봉정사 깊은 마당까지 당도하길 권하고 싶다. 차로 불과 몇 분이면 오르는 길을, 사방에 널린 자연에 마음을 집중하면서 한참을 걷노라면 넓고 깊은 응시의 충만함에 가슴이 벅차오를 것이다.

극락전은 정면 3칸, 측면 4칸짜리 단층 맞배지붕 형태다. 우진각지붕이나 팔작지붕보다 단순한 구조라서 화려한 맛은 덜하다. 다소 밋밋하게 보이는 극락전 앞마당의 여백(餘白)을 삼층석탑이 넉넉하게 채워주고 있다. 극락전은 통일신라 시대 건축양식을 이어받은 고려 시대 건물로 평가되고 있다. 1972년에 이 건물을 대대적으로 해체·수리한 적이 있었는데, 이때 역사적인 발견이 있었다. 상량문의 묵서명(墨書銘)에 공민왕 12년인 1363년에 극락전의 옥개부를 중수(重修)하였다는 기록이 남아있었던 것이다. 목조건축물을 지은 뒤 통상 100년에서 150년 정도가 지나면 대대적인 중수를 하는 것이 일반적이어서 학계에서는 이 기록을 근거로 극락전의 건립 연대를 12세기 이전으로 추정(推定)하고 있다. 우리나라에서 가장 오래된 목조건축물이 부석사 무량수전에서 봉정사 극락전으로 뒤바뀌게 된 일대 사건이었다.

그런데 나는 역사적 가치로 인해 봉정사를 대표하는 건물이 된 극락전보다 대웅전이 좋다. 대웅전이 더 고풍스럽게 느껴지고 아름다워 보인다. 정갈하게 쓸려진 대웅전 마당을 마치 구름 위를 걷듯 지나가는 스님의 모습에 넋을 놓았던 기억이 생생하다. 넓은 마당에 탑도 하나 없이 덩그러니 외로워 보이는 대웅전에서 만세루를 바라보는 전망 또한 시원스럽다.

봉정사 서편의 극락전이 신의 영역처럼 엄격(嚴格)하고 절제(節制)되어있다면, 동쪽에 있는 대웅전은 성속(聖俗)이 함께 공존하는 공간처럼 느껴진다. 만세루 밑 계단을 걸어올라 마주하게 되는 대웅전의 모습 또한 일반적인 불전의 모습과는 다르다. 대웅전에는 툇마루와 난간이 있어서인지 어느 고택에 놀러 온 것처럼 친근하게 다가온다. 따뜻한 느낌이다. 우리와 부처가 다르지 않으며, 누구나 부처가 될 수 있다는 믿음이 이런 대목에서 기인(起因)하는 것인지도 모르겠다.

봉정사에 오면 서로 다른 얼굴을 한 세 개의 마당을 제대로 보아야 한다는 이야기가 있다. 절집에서 흔히 보이는 석등과 석탑조차도 없는 대웅전의 엄숙(嚴肅)한 마당, 극락전 앞의 정겨운 마당, 감정 표현이 도드라지게 나타난 영산암 마당이 그의 눈길을 사로잡은 듯하다. 마당을 제대로 보아야 한옥(韓屋)을 제대로 보았다고 말할 수 있다는데, 나는 봉정사에서 세 개의 얼굴을 보았으되, 전혀 다른 느낌의 얼굴을 보았으니 사람마다 보는 눈은 다른 법인가 보다.

비 내리던 어느 여름날 만세루 마루에 앉아 세차게 쏟아지는 빗줄기를 하염없이 바라보던 때가 생각난다. 어디 그뿐이런가. 동장군의 기세에도 아랑곳없이 봄기운이 스멀스멀 피어오르던 겨울날의 만세루 풍경은 또 얼마나 따뜻했던지. 세월은 부질없이 흐르고, 만세루도 그 시간만큼 또 나이를 더 먹었다. 세상에 영원한 것은 없다는 평범한 진리를 다시 한 번 깨우치고는 뒤돌아 합장(合掌)하고서 봉정사를 내려온다. 저 멀리 산마루에 봉황(鳳凰)을 닮은 구름이 살포시 내려앉았다.

해인사

해인사

우주의 참된 모습이 해인삼매의 깨달음으로

해인사는 부처님의 가르침인 법(法), 팔만대장경을 모셔놓고 있는 법보종찰(法寶宗刹)이다. 부처님의 진신사리를 모시고 있는 불보사찰 양산 통도사, 이름난 명승을 많이 배출한 승보사찰 순천 송광사와 더불어 우리나라 3보 사찰로 불린다. 명산(名山) 가야산을 뒤로하고 매화산을 앞에 둔 명당(明堂)자리에 터 잡고 있어 웅장한 소나무숲과 고요한 산사가 한데 어우러져 경이롭고 신비로운 풍경을 선사한다. 팔만대장경이 유네스코 세계문화유산으로 지정되면서 해인사를 찾는 발걸음이 더 늘어났다.

해인사는 한국 화엄종의 근본 도량이기도 하다. 신라 제40대 임금 애장왕 3년인 서기 802년에 화엄종의 초조(初祖) 의상대사의 뜻을 이어받아 화엄십찰의 하나로 세워졌다. 화엄종의 근본 경전인 『화엄경』에 "해인삼매(海印三昧)"라는 구절이 나오는데, 해인사 이름이 여기에서 연유했다.

해인삼매는 있는 그대로의 세계를 한없이 깊고 넓은 큰 바다에 비유하여, 중생들의 번뇌와 망상을 뜻하는 거친 파도가 멈출 때 우주의 갖가지 참된 모습이 그대로 물속에 비치는 경지를 말한다. 이것이 부처님의 깨달음의 모습이요, 우리 중생의 본디 모습이라고 해인삼매는 우리에게 깨달음을 전한다.

일제강점기에는 전국 30 본산 중 하나였으며, 지금은 조계종 제12교구 본사로서 172개의 말사와 16개의 암자를 거느리고 있다. 해인사는 말 그대로 우리나라 불교의 성지이며, 세계문화유산을 비롯한 국보급 문화재들의 보고(寶庫)다.

성보박물관 앞 주차장에서 1km 남짓 산길을 걸어 해인사에 오른다. 물론 차가 다닐 수 있는 길도 있어 수월하게 해인사에 당도할 수도 있겠지만, 산사를 제대로 즐기려면 잠깐의 수고를 감수하며 숲길을 따라 걷는 것이 좋다.

워낙 이름난 사찰이다보니 해인사 가는 길에도 큰 기대를 품었는데, 조금 실망스러웠다. 관람객의 편의를 위해 시멘트로 포장해놓은 탓에 흙길을 걷는 맛을 느끼기 어렵다. 지척으로 자동차들이 분주히 오르내려 적막과 고요가 감싸고 있는 산사의 모습은 기대하기 어려운 것이 사실이다.

부도탑을 지나 일주문에 들어서니 탁 트인 기분이 든다. 그리 울창하진 않지만 시원한 전나무 숲이 도열하듯 서서 절을 찾는 이들을 반겨준다. 이제야 비로소 '절에 왔구나!' 하는 생각이 든다. 일주문에 걸려있는 현판의 필체가 시원스럽다.

해인사 일주문에서 천왕문에 이르는 전나무 숲길은 언제나 정겹다. 하늘을 향해 솟아있는 푸른 기상이 상쾌하다. 그 오랜 세월을 늘 그 자리에 서서 이 길을 오가는 수많은 사람을 지켜보았을 이 나무에게서 삶을 배워본다. 한참을 응시하고 있자니 이름난 고승 대덕보다 말 없는 생명이 더 숭고(崇高)하고 아름다워 보인다. 나 자신이 한 그루의 작은 아기 나무가 되는 순간이다.

특이하게도 해인사 천왕문에는 사천왕상이 세워져있는 것이 아니라 벽화가 양면에 그려져있다. 해인사 경내에 들어서면 왼편으로 보이는 것이 해인도라는 것인데, 법성계를 외면서 합장하고 길을 따라 돌면 사후에 업(業)이 소멸된다고 한다. 많은 사람이 미로 같은 길을 따라 돌고 있는 모습이 재미있어 보여 나도 따라 돌아봤다. 사후의 업이 말끔하게 사라질 수 있다면 좋겠다.

높다란 계단 위에 세워진 대적광전의 모습이 위엄을 드러낸다. 해인사는 비로자나불을 모시고 있어 대적광전이 중심 법당이다. 함께 봉안된 문수보살상·보현보살상과 더불어 비로자나불 삼존상으로 불린다. 본래 성주군 금당사(金塘寺)에 있었으나 용기사(龍起寺)로 옮겨졌다가 1897년 현재의 위치에 봉안되었다.

해인사는 부처님의 가르침인 법(法), 팔만대장경을 모셔놓고 있는 법보종찰(法寶宗刹)이다. 부처님의 진신사리를 모시고 있는 불보사찰 양산 통도사, 이름난 명승을 많이 배출한 승보사찰 순천 송광사와 더불어 우리나라 3보 사찰로 불린다.

대적광전 뒤 높은 자리에 장경각이 우뚝 서있다. 장경각은 고려대장경판을 봉안해 둔 2개의 판전으로 법보사찰 해인사를 대표하는 건물이다. 경판을 안전하게 오래도록 보관하기 위해 과학적 기법을 총동원해 만든 한국 건축의 걸작으로 인정받고 있다. 장경각 문에 햇빛이 비치면 그림자가 지는데, 그 모양이 마치 연꽃이 피어나는 듯하다.

법보사찰인 해인사는 비로자나불을 모신 전각이 두 곳이다. 『화엄경』을 중심 사상으로 창건되었기 때문인데 '비로자나'란 산스크리트어 'Vairocana'에서 온 말로 영원한 법, 곧 진리를 상징한다. 대적광전 옆에 있는 비로전은 이전에 대비로전이라 불렸다.

1995년 유네스코 세계문화유산으로 등재되었고, 그 안에 소장된 고려대장경판 및 제경판은 2007년 세계기록유산으로 지정되었다. 장경각 안에 모셔져있는 팔만대장경은 사진 촬영이 금지되어있다. 아쉽지만 후세에 길이 물려줄 문화재를 보호하기 위한 조치라면 마땅히 따라야 할 일이다. 좁은 틈 사이로 팔만대장경의 실체를 친견하는 것만으로 만족해야 할 것 같다.

때마침 부처님 오신 날을 앞두고 사찰 경내에는 형형색색의 연등이 걸려있다. 불교 신자들에게는 5월의 신록이 산을 타고 오르고, 연등이 바람에 흔들리며 각각의 색이 마치 점으로 아로새겨지는 이때가 절을 찾기에 가장 좋은 때가 아닌가 싶다. 무심히 지나는 바람 소리, 계곡의 세찬 물소리에도 불심이 가득 차있는 시기라는 생각이 들기 때문이다.

평일이라서 사람들이 많지는 않았다. 덕분에 사람들의 말소리도 이따금 울리는 풍경 소리에 묻히는 느낌이었다. 사람들은 서늘한 그늘이 지는 구석에 앉아 바람에 땀을 식히거나 풍경 소리에 마음을 씻고 있는 듯 보였다. 그네들의 모습이 그렇게 평화로워 보일 수가 없었다. 일상에서 조금만 벗어나도 사람들이 이렇게 행복한 표정을 가질 수 있다는 건 참 신기한 일이다.

언젠가 기회가 되면 연등으로 환히 밝혀진 산사의 밤을 거닐고 싶다. 부처님 오신 날 무렵의 번잡함은 싫지만, 지혜(智慧)의 밝은 빛이 어둠을 몰아내는 모습이 바로 그런 느낌이 아닐까 싶다. 어둠은 해가 저문 산중에 있는 것만은 아니다. 어리석은 욕심으로 눈이 어두워지고 마음이 탁(濁)해지는 지금 이 순간이 바로 지독한 어둠인 것일 수 있다. 그 어둠에서 벗어나고 싶은 마음도 욕심이런가.

해인사를 끝으로 비로소 우리나라 삼보사찰 기행을 마칠 수 있어서 기분이 뿌듯하다. 어쩌면 숙제하는 기분으로 해인사를 찾았던 것 같다. 그때를 다시 떠올려보니 이름난 팔만대장경보다는 일주문을 지나 만났던 전나무 숲길이 생각난다. 다음에는 이 길을 좀 더 여유롭게 걸어봐야겠다.

해인사 삼층석탑은 대적광전 아래 넓은 뜰에 자리 잡고 있어 정중탑(庭中塔)이라고도 한다. 전체적으로 신라 석탑의 기본 형식이 나타나있고, 조각 수법 등으로 미루어 통일신라 말기인 9세기의 작품으로 추정하고 있다. 높이가 6m로 큰 탑에 속하며, 화강암으로 만들어졌다.

가야산이 천년의 시간 너머 숨겨놓은 마지막 절경, 홍류동 계곡이 '가야산 소리(蘇利)길'이라는 멋진 이름을 가진 생태 탐방로로 재탄생했다. 최치원 선생의 전설이 곳곳에 남아있는 이 길은 대장경 축전장에서 시작해 무릉교와 농산정을 거쳐 해인사 영산교에 이르는 6km 코스다.

가야산 해인사를 여러 번 다니면서도 소리길의 존재는 잘 알지 못했었다. 아는 만큼 보인다더니 정말 그 말이 천고의 진리인 것 같다. 차로 해인사 입구 홍류동 계곡을 지날 때마다 시원한 계곡을 따라 걸어봤으면 좋겠다는 생각을 했었는데 사람들의 마음은 다들 비슷한가보다.

가야산이 천년의 시간 너머 숨겨놓은 마지막 절경, 홍류동 계곡이 '가야산 소리(蘇利)길'이라는 멋진 이름을 가진 생태 탐방로로 재탄생했다. 최치원 선생의 전설이 곳곳에 남아있는 이 길은 2011년 9월 대장경 천년 세계문화축전 개막과 함께 일반인들에게 공개됐다. 대장경 축전장에서 시작해 무릉교와 농산정을 거쳐 해인사 영산교에 이르는 6km 코스다.

5월의 신록이 하루하루 세상 빛깔을 바꿔주고 있는 요즘도 참 좋지만, 단풍이 곱게 물드는 가을이면 더욱 환상적인 풍경을 선사할 것 같다. 소리길이라는 이름은 우주 만물이 소통하고 자연이 교감하는 생명의 소리이며, 물소리, 새소리, 바람 소리 등 계곡을 걸으며 다채로운 자연의 소리를 들을 수 있다는 의미를 담고 있다. 저마다 이 길을 걸으며 듣게 될 소리는 다를 것이지만 그게 무엇이든 상관없을 듯싶다.

특히 홍류문에서 영산교에 이르는 3.1km 코스는 걷기에 이만한 곳이 없다는 생각이 들 정도다. 숲은 온통 하늘을 가려 시원한 그늘을 만들어주고, 바로 옆을 흐르는 시원한 계곡의 맑은 물소리는 한여름에도 더위를 느낄 수 없다. 경사가 거의 없이 평탄하게 길이 만들어져있어 남녀노소 누구나 편하게 자연을 감상하며 걸을 수 있다는 것도 참 좋다.

길을 따라 걷다 보면 최치원 선생이 속세를 떠나 바둑과 차를 벗 삼아 숨어 살다 신선(神仙)이 되었다는 전설이 전해져오는 농산정과 학사당 등의 수

많은 유적을 만나게 된다. 가야 19명소 가운데 소리길에 16개의 명소가 군데군데 자리 잡고 있다. 좋은 벗과 함께 옛이야기를 따라 걷노라면 어느새 길의 끝에 당도해있으리라. 논두렁을 끼고 도는 들길로 시작해 숲을 따라 난 오솔길, 아름드리 소나무로 우거진 숲길까지 소리길의 풍경은 다양하다. 풍광 좋은 곳에는 전망대(展望臺)를 설치해 잠시 쉬어갈 수 있도록 배려했다.

하지만 마냥 좋을 수만도, 걱정이 없는 것도 아니다. 이제 길이 만들어졌으니 수많은 사람이 이 길을 걷게 될 것이다. 그동안은 사람의 출입이 없어 아름다운 자연 생태계가 온전하게 잘 보존되었지만, 앞으로가 문제다. 함께 즐길 수 있는 명품 숲길로 만들어가려는 노력도 필요하다. 시끌벅적한 사람들의 소음이 아니라 아름다운 길에 어울리는 깊고 청명한 소리로 이 길이 가득하길 기대해본다.

숲은 온통 하늘을 가려 시원한 그늘을 만들어주고, 바로 옆을 흐르는 시원한 계곡의 맑은 물소리는 한여름에도 더위를 느낄 수 없다. 경사가 거의 없이 평탄하게 길이 만들어져있어 남녀노소 누구나 편하게 자연을 감상하며 걸을 수 있다는 것도 참 좋다.

송광사

송광사

달빛이 연못을 뚫어도 흔적 하나 없네

조계산 건너편엔 송광사라는 또 하나의 큰 절이 자리 잡고 있다. 깊은 산속의 깊은 절, 선암사를 뒤로하고 승보사찰 송광사를 찾았다. 순천에 사는 분들이 참 부럽다는 생각이 든다. 이렇게 멋진 두 개의 절을 지척에 두고 언제든 찾아갈 수 있으니까. 조계산이 명산은 명산인가보다. 송광사는 고려 시대 진각국사부터 조선 시대 초기에 이르기까지 수많은 국사(國師)를 배출하였을 뿐만 아니라 이름난 스님들이 이곳에서 수행한 것으로 유명하다.

송광사의 창건과 관련된 기록에는 신라 말기 혜린스님이 마땅한 절을 찾던 중 이곳에 이르러 산 이름을 송광(松廣)이라 하고, 절 이름을 길상이라 하였다고 한다. 처음에는 아주 작은 규모의 사찰이었으나 보조국사 지눌이 정혜사를 이곳으로 옮겨 수선사라 부르고 대찰로 중건하였다. 산 이름도 조계종의 중흥 도량이 되면서부터 조계산으로 고쳐 지금도 그 이름으로 불리고 있다.

흔히들 송광사를 승보사찰이라고 부른다. 보조국사의 뒤를 이은 진각국사부터 조선 초기에 이르기까지 180년 동안 무려 16명의 국사를 배출하면서 승보사찰의 지위를 굳히게 됐다. 부처님의 진신사리를 모신 양산 통도사를 불보사찰, 팔만대장경을 봉안하고 있는 가야산 해인사를 법보사찰, 그리고 이곳 송광사를 승보사찰이라 해 우리나라의 삼보사찰(三寶寺刹)이라 부른다.

　삼보사찰이란 명성에 걸맞게 큰 규모를 자랑하고 있지만, 일반인들의 출입을 막는 곳이 많다. 스님의 수행이 우선인 것은 당연하지만, 왠지 닫힌 사찰이라는 느낌을 지울 수가 없어 아쉽다. 빗장을 풀고 문을 열어 금단(禁斷)의 구역으로 들어가면 저절로 모든 번뇌가 사라질 것 같은 어리석은 생각이 들기까지 한다.

우화각은 사람들이 편히 다니라고 삼청교 위에 지어놓았다. 들어가는 쪽은 팔작지붕인데, 나가는 쪽은 맞배지붕을 올렸다. 나가는 쪽 지붕이 옆 건물과 맞닿아있어 공간이 부족했기 때문이다.

　비록 가고 싶은 곳을 들어가 볼 수 없는 답답함은 있지만, 송광사는 삼청교와 우화각 그리고 그 아래를 쉼 없이 흐르는 계곡을 맘껏 즐길 수 있다는 것만으로도 좋다. 송광사 경내에 이르는 시원한 계곡과 아름다운 숲길도 더할 나위 없다. 산길이 좀 험하다고 하지만 송광사와 선암사를 잇는 등산로가 있다고 하니 여유가 된다면 천천히 두 고찰을 즐겨보는 것도 좋겠다.

불(佛)·법(法)·승(僧)의 삼보(三寶)야 불교 신자들에게야 의미가 있는 것이겠지만, 내가 송광사를 언제든 다시 찾고 싶은 사찰의 하나로 마음에 두는 이유는 따로 있다. 지척에 있는 선암사가 승선교에서 바라보는 강선루의 풍경, 일주문에 이르는 푸른 숲길, 선암매 등 멋진 풍광과 볼거리를 자랑한다면 송광사도 이에 못지않은 아름다운 풍경을 보여준다.

우화각의 열린 벽면이 하나의 캔버스처럼 침계루 앞 계곡을 담아내고 있다. 이곳에 서면 마치 시간이 멈춘 듯 그 풍경 속으로 빨려 들어가는 착각에 빠지곤 한다.

바로 이곳, 삼청교와 우화각이 제일경이 아닐까 생각을 해본다. 삼청교는 숲길을 걸어와 대웅전으로 들어가는 통로다. 능허교로 불리기도 한다. 먼저 네모난 돌로 무지개 모양을 만든 다음 양옆에 다듬은 돌을 쌓아 올려 무게를 지탱하게 만들었다고 한다. 무지개다리 가운데 여의주를 물고 있는 용머리돌이 나와있다. 허투루 보아 넘겼던 것들이 자세히 보면 하나둘 그 아름다움을 드러낸다.

우화각은 사람들이 편히 다니라고 삼청교 위에 지어놓았다. 재미난 것은 하나의 누각에 서로 다른 지붕 모양을 하고 있다는 점이다. 들어가는 쪽은 팔작지붕인데, 나가는 쪽은 맞배지붕을 올렸다. 나가는 쪽 지붕이 옆 건물과 맞닿아있어 공간이 부족했기 때문이라고 한다. 삼청교와 우화각은 불국토(佛國土)로 향하는 선승(禪僧)의 마음을 상징적으로 나타낸다.

하루하루 가을이 깊어가는 송광사는 한여름에 보여주었던 모습과는 또 다른 분위기를 품고 있다. 좀 더 깊어지고 한층 여유로워진 느낌이다. 삼청교 위 우화각 아래 한가롭게 정담을 나누는 사람들의 모습에서, 송광사 경내를 느린 걸음으로 소요(逍遙)하는 사람들에게서도 가을을 느낄 수 있다. 마치 시간과 상념의 흐름이 일순 멈춘 듯 몸과 마음이 자유롭다.

일주문 왼쪽으로 계곡을 건널 수 있게 징검다리를 만들어놓았다. 돌다리를 건너다 고개를 들면 환상적인 풍경과 마주한다. 잔잔한 물 위에 삼청교와 우화각의 그림자가 달처럼 떠있다. 붉게 타올랐던 이파리는 절정의 순간에서 물 위로 떨어져 구름이 된다. 수면의 화폭 위에 풍경이 구름에 달 가듯 그림으로 펼쳐진다.

관음전에서 저마다의 간절한 소망을 담아 부처님께 절을 올리는 스님과 불자들의 뒷모습마저 경건하다. 저 멀리 희미하게 관음보살의 미소가 불빛처럼 새어나는 듯하다.

전국의 여러 사찰을 돌아다녀봤지만, 송광사처럼 독특한 느낌을 주는 곳을 찾기도 쉽지 않다. 거의 모든 절이 계곡을 끼고 있긴 하지만, 이곳 송광사는 좀 더 특별하다. 마치 물로 둘러싸인 중세 유럽 성곽의 축소판처럼 느껴진다고 할까? 그래서인지 송광사를 가게 되면 언제나 우화각 근처에서 한참을 머물게 된다. 가을이라 침계루 앞을 흐르는 계곡의 물이 많이 줄었다. 미처 보지 못했던 침계루 벽체의 꽃무늬도 무척 인상적이다.

송광사에 이르는 숲길 또한 무척 아름답다. 청량각을 지나면 계곡을 따라 풍성한 숲길이 반겨준다. 물소리, 바람 소리, 새소리와 같은 자연의 소리가 속세의 소음을 완벽히 차단한다. 시원한 계곡은 숲의 푸른 빛을 담아 더욱 깊다. 하늘 향해 곧게 뻗어있는 편백나무 숲이 청명함을 더해준다. 가벼운 발걸음으로 숲길만 걸어도 송광사를 절반쯤은 즐긴 셈이다.

빼어난 풍경에다 눈여겨볼 문화재도 많다. 송광사는 가장 많은 사찰 문화재를 보유하고 있는 사찰이기도 하다. 국보 제56호 국사전을 비롯해 국보가 세 점, 보물이 열두 점에 이르고 그 밖의 문화재도 차고 넘친다. 풍경은 풍경대로 아름답고, 절집은 절집대로 빼어나다. 그래서인지 매번 송광사를 찾을 때마다 시간에 쫓기게 된다.

즐겨야 할 풍경도, 자세히 살펴보아야 할 문화재도 많다. 오고 가는 데 많은 시간이 걸리다 보니 여유롭게 구석구석을 둘러보는 게 쉽지가 않다. 다음에 송광사를 찾을 때는 조계산을 두 발로 넘나들며 선암사와 송광사를 고스란히 담고 돌아오고 싶다. 무소유길을 걸어 불일암에도 잠깐 들러서 법정스님의 흔적을 살짝 느껴보고 와도 좋겠다.

법정스님은 '무소유'의 가르침을 주신 분으로 널리 알려져있다. 무소유란 아무것도 가지지 않는 것이 아니요, 내게 필요 없는 것을 애써 가지려 하지 않는 것이라고도 하셨다. 그런데 어찌 보면 아주 단순하고, 쉬운 것 같은 가르침을 실천하는 것이 또 왜 이리 어려운 것일까?

竹影掃階塵不動
대나무 그림자 섬돌을 쓸어도 티끌 하나 움직이지 않고
月穿潭底水無痕
달빛이 연못을 뚫어도 물에는 흔적 하나 없네.

송광사에 가을이 깊이 내려앉았다. 단풍나무의 붉은 빛은 절정을 향해 내달리고 가을 하늘의 푸른빛은 눈이 시릴 지경이다. 우화각에서 바라본 개울은 바람 한 점 없이 명경(明鏡)처럼 맑아 풍경을 고스란히 담낸다.

법정스님이 즐겨 읊조리셨다는 남송 시대의 선승 야보도천(冶父道川)의 시를 나지막이 읊어본다. 대나무 그림자처럼 집착하지 말고 달빛처럼 연연하지 말고 살라는 가르침이다. 섬돌을 가지려 하지 않는 대나무 그림자나 연못에 자신의 흔적을 새기려 하지 않는 달빛을 따르고 싶은 마음 간절하지만, 괴로움이 늘 뒤따른다.

법정스님은 입적하시면서 절판(絶版) 유언을 남기셨다고 한다. 스님의 이름으로 펴낸 책들을 더 이상 출판하지 말라는 당부셨지만, 어찌 된 것인지 그 이후로 속세에서 스님의 이름을 더 자주 접하게 되는 것 같다. 물론 스님에 대한 당연한 추모(追慕)의 마음일 수도 있겠지만, 스님의 일관된 삶 속에 담겨있던 고귀한 가르침이 오히려 훼손(毀損)되는 것은 아닌지 걱정이 되기도 한다.

세속에 발붙이고 하루하루를 살아가는 사람들이 오롯이 스님의 길을 따라갈 수는 없을 것이다. 가능하지도 않고, 또 모든 사람이 탈속의 삶을 살 필요도 없다. 하지만 버려야만 걸림 없는 자유를 얻을 수 있고, 베푼 것만이 진정 내 것이 된다는 말씀처럼, 내게 필요하지 않은 것들을 나눔으로써 얻을 수 있는 더 큰 행복을 찾아보는 것은 분명 의미 있는 일이다. 우리의 마음속에 아름답고 맑은 향기(香氣)를 가진 꽃을 한 송이씩 피워보는 것 말이다.

청량각을 지나면 계곡을 따라 풍성한 숲길이 반겨준다. 물소리, 바람 소리, 새소리와 같은 자연의 소리가 속세의 소음을 완벽히 차단한다. 시원한 계곡은 숲의 푸른빛을 담아 더욱 깊다.

월정사와 상원사

월정사와 상원사

깨달음과 치유의 천년 숲길, 그 시작과 끝

어디론가 떠나야 하는 계절, 가을 느낌을 제대로 맛보기 위해 떠난 곳이 오대산이었다. 가을이면 웬만한 산들은 단풍을 즐기려는 사람들로 인산인해를 이루기 마련이다. 단풍 하면 딱 떠오르는 곳이 내장산이나 설악산, 주왕산 정도였는데, 오대산 단풍이 이토록 화려하고 예쁜 줄 미처 알지 못했다. 그중에서도 오대산 선재길의 아름다움은 단연 으뜸이라고 말하지 않을 수 없다.

한마디로 그림이다. 파란 하늘에 두둥실 뭉게구름은 떠다니고, 맑디맑은 계곡물은 마음속까지 시원스레 자연의 소리를 들려준다. 점점 색을 더해가는 계곡 옆의 단풍 길은 보는 이의 마음에 큰 감동을 안겨준다. 길을 걷는 이들의 입에서 저절로 탄성이 흘러나오게 할 만큼 매력적이다. "점입가경(漸入佳境)"이란 말이 바로 이런 풍경을 두고 하는 말일 것이다.

월정사에서 차량 두 대가 겨우 비켜 갈 정도인 비포장도로를 따라 상원사 방향으로 가다 보면 그 옛날 오대천 계곡(溪谷)을 따라 두 절을 오갔던 길을 복원한 오대산 선재길이 나타난다. 1960년대 말 도로가 생기기 전까지 스님과 신도들이 이용했던 이 길은 오대산 국립공원 관리 사무소의 모든 직원이

동원돼 3개월에 걸쳐 복원(復原)했다고 한다.

　우리나라 전나무 숲 가운데 가장 아름답다는 월정사 전나무 숲길에서부터 시작해 상원사까지 총 8.5km 길이로 왕복하는 데 2시간 30분 정도가 걸린다. 선재라는 동자가 이 길을 걸으며 깨달음을 얻었다고 해서 선재길이라는 이름이 붙었다. 길이 처음 복원되었을 때는 오대산 옛길로 부르기도 했었다. 계곡을 따라 평탄한 오솔길이 이어져 남녀노소 누구나 걷기에 부담이 없다.

　차량과 사람이 뒤엉켜 다니는 탐방로(探訪路)와 달리 이 오대산 선재길은 대부분이 푹신푹신한 흙길로 조성되어있고, 군데군데 안내 해설판과 수목 표찰(標札)이 설치되어있어 탐방객이 오대산의 역사 문화와 자연 생태에 대해 공

2010년에 복원된 섶다리는 젊은이들에겐 신기한 볼거리가 될 성싶다. 주로 하폭이 넓지 않고, 수심이 깊지 않은 개울이나 작은 강에 만들어졌는데, 여름에 큰물이 지면 쉽게 떠내려가 '이별 다리'라고 불리기도 했다. 예전 시골에서는 흔한 풍경이었지만, 지금은 특별한 추억거리가 되었다.

부할 수 있게 배려하고 있다. 또한, 두 곳의 쉼터가 만들어져있어 상쾌한 공기 속에서 산림욕(山林浴)을 즐길 수도 있다고 한다. 섶다리와 돌다리도 이 길의 명물이다. 길은 계곡을 따라, 다리를 매개(媒介)로 끝없이 이어진다.

 큼지막한 돌을 물길 군데군데 놓아 만든 징검다리, 큰 나무둥치에 판자를 이어 만든 나무다리, 그리고 이제는 쉽게 볼 수 없는 섶다리까지, 다양한 원시(原始) 형태의 다리가 있다. 지치면 잠시 다리에 앉아 쉬어가도 좋다. 끝없이 이어지는 계곡의 물소리, 이름 모를 산새 소리를 듣고 있노라면 번잡(煩雜)한 세상의 걱정거리를 금세 잊어버릴 수 있을 것만 같다. 길이 아닌 차를 타고 상원사까지 이동하는 사람들은 이런 멋진 호사(豪奢)를 결코 누릴 수 없다.

 특히나 2010년에 복원된 섶다리는 젊은이들에겐 신기한 볼거리가 될 성싶다. 섶다리는 잘 썩지 않는 물푸레나무나 버드나무로 기둥을 세운다. 소나무나 참나무로 다리 상판을 만들고 섶을 엮어 깐 다음 그 위에 흙을 덮어 만든다. 주로 하폭이 넓지 않고, 수심이 깊지 않은 개울이나 작은 강에 만들어졌는데, 여름에 큰물이 지면 쉽게 떠내려가 '이별 다리'라고 불리기도 했다. 어릴 적 시골에서는 흔히 볼 수 있는 풍경이었지만, 이마저도 지금은 특별한 추억거리가 되었다.

 오대산 선재길은 사시사철 그 나름의 다채로운 빛깔로 찾는 이들을 반겨줄 것이다. 봄이면 파릇파릇 생명이 움트는 모습을 보여줄 것이고, 여름이면 온통 우거진 녹음(綠陰)이 시원스러움을 전해주겠지. 흰 눈이 소복하게 쌓이는 겨울은 또 어떨까. 아무도 밟지 않은 눈길을 따라 걷는 느낌은 그 무엇과도 비교하기 어려운 즐거움이 될 것 같다.

오대산의 여러 봉우리에서 모여든 계류가 상원사를 거쳐 월정사에 이르면 비로소 하천의 모습을 갖춘다. 오염되지 않은 자연 그대로의 모습을 유지하고 있는 이 계곡을 따라 걷다 보면 수달도 어렵지 않게 만날 수 있다.

양산 통도사와 설악산 봉정암, 영월 사자산 법흥사, 태백산 정암사, 그리고 이곳 오대산 상원사의 적멸보궁을 우리나라 5대 적멸보궁이라 부른다. 오대산 적멸보궁은 그중 해발고도가 가장 높은 곳에 있다.

그래서 그곳에 들어서면 번잡한 속세의 일상을 금세 잊어버릴 수 있고, 수많은 욕심과 집착에 사로잡혀있던 나를 버리고 참다운 나를 만날 수가 있다. 숲을 느린 걸음으로 걷다 보면 부질없는 마음의 먼지들이 다 씻겨나가 내 마음이 어느새 텅텅 비어있는 듯한 청량감(淸凉感)을 맛볼 수가 있는 것이다.

오대산 선재길은 월정사 전나무 숲을 그 시작으로 볼 수 있다. 월정사 전나무 숲은 일주문에서 금강교에 이르는 길 양쪽 1km에 걸쳐 조성되어있는데, 높이가 수십 미터에 달하고 평균 수령 80년 이상의 전나무 1,700여 그루가 장관을 이루고 있다. 한여름에도 전나무 숲이 짙은 그늘을 만들어주어 전혀 더위를 느낄 수 없다. 전나무 숲길 바로 옆에 있는 오대천 상류 개울의 시원한 물소리도 한껏 정취(情趣)를 더해준다.

숲길 안쪽에는 지난 2006년 태풍 때 쓰러졌다는 전나무 한 그루가 있는데, 그 밑동은 어른 2명이 들어가고도 남을 만큼 거대한 면모를 자랑한다. 수령이 무려 500년이 넘는 나무였다고 하니 그날의 모진 비바람을 견뎌냈더라면 지금도 위풍당당한 모습을 사람들에게 보여줄 수 있었을 텐데 아쉬운 생각이 든다.

월정사 전나무 숲이 만들어진 연유에 대한 재미있는 얘기가 있다. 원래는 이곳도 소나무 숲이 울창했었다고 한다. 고려 말 무학대사의 스승인 나옹선사(懶翁禪師)가 부처에게 공양을 하고 있었는데 마침 소나무에 쌓여있던 눈이 그릇으로 떨어졌다. 그때 어디선가 산신령이 나타나 공양(供養)을 망친 소나무를 꾸짖고 대신 전나무 아홉 그루에게 절을 지키게 해 이후 천 년이 넘는 세월 동안 전나무 숲이 월정사를 지키게 됐다는 것이다. 얘기를 듣고 나니 월정사 전나무 숲이 더욱 신비스럽게 느껴진다.

월정사 전나무 숲길에 들어서면 한여름에도 전나무 숲이 짙은 그늘을 만들어주어 전혀 더위를 느낄 수 없다. 전나무 숲길 바로 옆에 있는 오대천 상류 개울의 시원한 물소리도 한껏 정취를 더해준다.

숲길을 따라 걷다 보면 마치 풍경 속으로 걸어 들어가 내가 풍경의 일부가 된 듯한 느낌이 들었다. 그때 그날의 시간 속에서 나는 그저 고요하고 평온했다. 내 마음에도 푸르고 풍성한 숲이 생겼으면 좋겠다. 그래서 그 숲속에서 마음을 씻고, 마음을 열어 나를 내려놓을 수 있기를 간절히 소망해본다.

절 앞을 흐르는 개울의 물살이 힘차고 활기차다. 쉼 없이 흐르는 물소리가 속세의 어지러운 소리를 차단해주는 듯하다. 사람들의 발길만 없다면 자연은 스스로 오염(汚染)을 일으키지 않는 법. 차고 맑은 물속에만 산다는 열목어가 이 속에서 유유히 헤엄치는 그림이 절로 그려진다.

월정사는 강원도 평창군 진부면 동산리의 오대산 자락에 자리 잡고 있으며, 불교 조계종 제4교구의 본사이기도 하다.『삼국유사』에 따르면 신라 선덕여왕 12년(643년)에 자장율사가 창건한 것으로 전해진다. 1,400년의 세월을 품고 있는 고찰 월정사는 중국 오대산으로 유학을 가 문수사란 절에서 수도하던 중에 문수보살을 친견한 자장율사가 신라로 돌아와 문수보살이 머문다는 오대산에 초가집을 짓고 머물며 정진(精進)한 것이 계기가 돼 이후 오대산 깊은 계곡에 터를 잡게 되었다.

월정사의 대표적인 문화재로는 부처의 사리를 봉안하기 위해 세운 팔각구층석탑(국보 제48호)과 약왕보살상이라고도 불리는 석조 보살좌상(보물 제139호)이 있다. 높이가 15.2m에 달하는 팔각구층석탑은 고려 초기에 만들어졌는데, 여덟 곳의 귀퉁이마다 풍경이 달려있어 형태가 독특하다. 또 지금은 소실(燒失)되고 없지만, 월정사 북쪽에는『조선왕조실록(朝鮮王朝實錄)』등 귀중한 사서를 보관하던 오대산 사고(史庫)가 있었다.

한 바퀴 둘러본 월정사는 아담하고 고즈넉해서 좋았다. 쉬엄쉬엄 걸어 둘러보는 데 그리 많은 시간이 걸리지

월정사팔각구층석탑은 대적광전 앞에 우뚝 세워져 있는 월정사를 대표하는 상징의 하나다. 신라 시대가 주로 삼층석탑의 시대였다면 고려 시대에 들어서면서 다양한 형태의 탑이 만들어졌는데, 이 탑은 다각·다층 석탑의 전형적인 모습을 보여주고 있다.

않을 정도로 규모가 큰 편은 아니다. 천 년이 훨씬 넘은 고찰이지만 수많은 전란을 겪으며 소실과 중건을 거듭하다보니 고색 찬연한 느낌은 덜한 것이 사실이다.

금강교에서 일주문을 금세 돌아 나왔다. 몇 번이고 걸어보고 싶은 욕심이 났지만, 더 늦기 전에 발걸음을 옮겨야 했다. 절 앞을 흐르는 개울의 물살이 힘차다. 쉼 없이 흐르는 물소리가 속세의 어지러운 소리를 차단해주는 듯하다. 마치 오대천을 경계로 속세와 피안이 나누어진 듯하다. 자연은 스스로 오염을 일으키지 않는 법. 차고 맑은 물속에만 산다는 열목어(熱目魚)가 이 속에서 유유히 헤엄치는 그림이 절로 그려진다.

월정사부터 오대산 선재길이 시작되었다면 그 끝은 상원사에서 그친다. 상원사는 오대산의 깊은 산자락에 자리를 잡고 있다. 그 지위는 많은 암자와 함께 월정사의 말사에 불과하지만, 규모도 꽤 클뿐더러 대중적으로도 널리 알려진 사찰이다. 창건 연대를 정확히 알 수 없으나 신라 시대 자장율사가 세운 것으로 전해진다.

사찰이지만 따로 불상을 모시지 않은 절이 있다. 적멸보궁(寂滅寶宮)이라 부르는데, 법당 앞에 사리탑을 두고 부처의 진신사리(眞身舍利)를 모신다. 양산 통도사와 설악산 봉정암, 영월 사자산 법흥사, 태백산 정암사, 그리고 이곳 오대산 상원사의 적멸보궁을 우리나라 5대 적멸보궁이라 부른다. 오대산 적멸보궁은 그중 해발고도가 가장 높은 곳에 있다.

상원사는 조선의 일곱 번째 임금인 세조와 인연이 깊다. 조카의 왕위를 찬탈(簒奪)한 업보를 지우지 못한 세조는 평소 몸에 난 종기로 무척 고생했다고 전해진다. 상원사에 머물던 어느 날 오대천의 맑은 물에서 목욕하던 중 지나던 동자승에게 등을 밀어달라 부탁하며 "어디 가서 임금의 등을 밀었다고 하지 마라."라고 당부했더니 "어디 가서 문수보살을 직접 보았다고 하지 마라."라며 동자승이 사라졌다고 한다. 깜짝 놀란 세조가 화공(畵工)을 시켜 동자승(童子僧)의 모습을 그리게 했는데, 그 모습을 조각한 것이 상원사의 문수동자상이다.

월정사부터 오대산 선재길이 시작되었다면 그 끝은 상원사에서 그친다. 상원사는 오대산의 깊은 산자락에 자리를 잡고 있다. 그 지위는 많은 암자와 함께 월정사의 말사에 불과하지만, 규모도 꽤 클뿐더러 대중적으로도 널리 알려진 사찰이다.

이뿐만이 아니다. 1년 뒤 세조가 다시 상원사를 찾았을 때, 고양이 한 마리가 나타나 세조의 옷자락을 물고 늘어져 들어가지 못하게 했다고 한다. 괴이한 행동에 전각을 뒤져 숨어있던 자객(刺客)을 찾아낸 덕분에 목숨을 보전할 수 있었다는 이야기다. 세조는 이에 대한 보답으로 고양이를 잘 기르라고 묘전(猫田)을 내렸다고 하는데, 문수전 아래 마당에 지금도 고양이 석상이 놓여 있다.

몇 해 전에 상원사 가는 길에 다람쥐를 만났던 적이 있다. 사람이 곁에 가면 도망치게 마련인데, 이 녀석은 가까이 카메라를 들여대도 익숙한 듯 요지부동(搖之不動)이었다. 세조의 목숨을 지켜줬던 고양이처럼 내게도 무언가 암시(暗示)를 주려던 것일까? 이유야 어찌 됐건 절에서 만나는 다람쥐는 늘 반갑다. 그리운 이가 산짐승의 모습으로 잠시 나를 보러 온 듯 여긴다. 조금만 더 머물다 가길 바랄 뿐이다.

또 하나, 상원사에는 현존하는 우리나라 종 가운데 가장 오래된 동종(銅鐘)이 있다. 국보 제36호로 지정된 이 종은 조선 태종 때 불교 탄압을 피해 안동에 잠시 옮겨졌다가 예종 때인 1469년에 원래 있던 자리로 돌아왔다고 한다. 아름다운 전나무 숲길을 가진 월정사에서 시작된 선재길의 끝에도 이토록 많은 볼거리가 기다리고 있으니 이 길은 세상에서 가장 풍요(豊饒)로운 길이라 불러도 지나치지 않을 것 같다.

수덕사

수덕사

부처님과 무언(無)의 대화를 나누다

수덕사는 오래전부터 가보고 싶었던 절이었다. 봉정사 극락전, 부석사 무량수전과 더불어 우리나라에서 오래된 목조건축물인 수덕사 대웅전이 있고, 공주 마곡사와 더불어 충남을 대표하는 큰 절이기 때문이다.

역시 그랬다. 조계종 7교구 본사답게 큰 절이고, 워낙 이름난 절이다보니 찾는 이도 많았다. 넓은 주차장을 지나면 입구에서부터 수많은 식당과 상가로 번잡하다. 잘 정비(整備)된 모습이 여느 유명 관광지(觀光地) 못지않았다. 원치 않았던 풍경이 수덕사로 향하는 발걸음을 잠시 머뭇거리게 했다.

하지만 예산 여행에서 수덕사를 빼놓을 수는 없다. 덕숭산 자락에 아늑하게 자리 잡은 수덕사는 백제 말에 창건되었다고 전하나 뚜렷한 기록은 없으며, 고려 말 공민왕 때에 나옹이 중수했다고 한다. 흥선대원군 시절인 19세기에조차도 사세(寺勢)가 미약했으나 한말에 경허가 머물며 선풍(禪風)을 크게 일으키고, 그 제자 만공이 중창하여 지금은 불교계 4대 총림의 하나인 덕숭총림이 있다.

덕숭산은 해발 495m의 높지 않은 산이다. 더욱이 수덕사가 높은 자리에 있어 수덕사에서 덕숭산 정상을 오르는 데는 큰 부담이 없다. 산 정상에 오르면 홍성 일대가 일망무제(一望無際)로 펼쳐져 장관(壯觀)을 선사한다. 수덕사를 찾는 또 다른 이유기도 하다.

고풍스러운 한자 일색인 여느 사찰과 달리 수덕사 일주문의 현판은 한글로 쓰여있어 이채롭다. 양각으로 새겨진 "덕숭산 덕숭총림 수덕사"란 글씨가 정겹다. 둘레가 사람 몇이 팔을 벌려도 남을 것 같은 우람한 기둥이 제일 먼저 반겨준다.

잘 정돈된 길가의 풍경이 마치 그림 같다. 신록을 더해가는 숲에 한껏 피어난 연산홍의 붉은빛이 군데군데 물감을 흘려놓은 듯하다. 이 멋진 풍경을 즐길 수 있다는 것만으로도 이곳에 온 보람은 충분히 있다.

공포가 단순하지만, 이 건물은 11량이나 되어 지붕이 큰 편이어서 맞배지붕으로 처리했다. 맞배지붕과 11량의 아름다움은 옆에서 보면 잘 드러난다. 지붕의 무게가 기둥에 골고루 분산되어 전달되도록 짠 각종 부재가 구조적인 기능뿐만 아니라 장식적인 기능을 더해 보는 이를 즐겁게 한다는 평가다.

선방을 끼고 돌아가면 기품 있는 대웅전이 나타난다. 대웅전은 경내에서 가장 높은 곳에 남향하여 앉아있다. 장대석을 쌓아 이룬 축대 위에 의젓하게 앉은 이 건물은 1308년에 세워진 것으로 안동 봉정사 극락전, 영주 부석사 무량수전과 더불어 우리나라에서 손꼽히는 오래된 건물이다.

이 멋진 꽃길을 따라 올라가면 어떤 풍경을 만나게 될까? 너무 급하지 않게, 느린 걸음으로 이 길을 걸어보면 좋겠다. 혹여나 다음에 다시 수덕사를 찾게 된다면 이 길 끝 풍경을 카메라에 담아봐야겠다. 길을 걸으며 재미난 조각 작품들도 만날 수 있다. 어린 시절 키 쓰고 소금 얻으러 다니던 기억을 떠올리게 하는 조각상은 수덕사 여행의 또 다른 볼거리다.

일주문을 지나면 황하루로 오르는 긴 계단이 나있다. 그러나 계단을 통하지 않고 오른쪽으로 흙길을 따라 올라가면, 1995년부터 중창 불사해 최근에 완공한 황하루 건물을 볼 수 있는데, 대웅전을 본뜬 모습이다.

옛 건물을 따랐으나 이전의 멋스러움이 제대로 살아나지 않는 것은 세월의 무게가 실리지 못한 탓일까? 황하루 뒤쪽으로는 돌계단이 엉거주춤 걸려있어 위태로워 보이는 데다 눈에도 거슬린다. 불사(佛事) 이전의 아늑함이야 못 살리겠지만 제대로 자리 잡힌 모습이라도 빨리 되찾았으면 하고 바랄 뿐이다.

둔덕을 올라 마주하는 조인정사 앞에는 균형감 있는 통일신라 때의 삼층석탑이 있다. 충청남도 유형문화재 제103호인 이 탑은 비례(比例)가 깔끔하여 여느 절에서라면 꽤 대접을 받았겠지만, 수덕사에서는 그저 묵묵히 자리를 지키고 있다. 가치를 제대로 알아보는 상수(上手)라면 눈여겨볼 만하다.

선방을 끼고 돌아가면 기품 있는 대웅전이 나타난다. 대웅전은 경내에서 가장 높은 곳에 남향하여 앉아있다. 장대석을 쌓아 이룬 축대 위에 의젓하게 앉은 이 건물은 1308년에 세워진 것으로 안동 봉정사 극락전, 영주 부석사 무량수전에 이어 우리나라에서 손꼽히는 오래된 건물이다.

1937년에 해체 수리를 할 때 중수 연대가 적힌 붓글씨가 발견되어 이 건물의 나이를 알게 되었다. 건립 연대가 분명하여 우리나라 고건축의 기준이 되며, 그 역사성과 아름다움으로 하여 국보 제49호로 지정되었다. 찰나의 삶을 살지만 이처럼 오래된 목조건축물을 보며 유구(悠久)한 역사를 느껴보는 것도 가치 있는 여행이 될 수 있겠다.

수덕사 가는 길가엔 형형색색의 꽃들이 피어나 봄꽃의 향연을 펼친다. 이 멋진 꽃길을 따라 올라가면 어떤 풍경을 만나게 될까 궁금해진다. 너무 급하지 않게, 느린 걸음으로 이 길을 걸어보면 좋겠다.

대웅전은 정면 3칸, 측면 4칸으로 다른 건물이 정면이 더 넓은 것과는 구조 면에서 다른 특색을 보인다. 그러나 건물을 보면 알 수 있듯이 정면은 한 칸에 문짝이 셋이나 달리도록 칸살이 넓고, 옆면은 칸살이 매우 좁다. 그래도 대웅전은 비교적 정사각형에 가까운 편이다. 이처럼 정면 칸살이 넓은 것은 들이 넓어 개방적인 충청남도 지역 건축의 한 특성이다.

이 건물이 고식(古式)을 보여주는 특징 하나는 기둥이 뚜렷한 배흘림을 하고 있는 점이다. 대웅전 옆문을 열고 안으로 들어가 고주(高柱)를 보면 그 특징이 더 뚜렷하게 드러난다. 또 한 가지는 공포 구성이 주심포라는 점이다. 기둥 위에만 공포를 두어 지붕의 무게를 받는 주심포 양식은 화려하지 않은 건물에 썼으며, 고려 시대와 조선 초기 건물에 주로 남아있다.

공포가 단순하지만, 이 건물은 11량이나 되어 지붕이 큰 편이어서 맞배지붕으로 엄정하게 처리했다. 맞배지붕과 11량의 아름다움은 옆에서 보면 잘 드러난다. 지붕의 무게가 기둥에 골고루 분산하여 전달되도록 짠 각종 부재가 구조적인 기능뿐만 아니라 장식적인 기능을 더해 보는 이를 즐겁게 한다는 평가다.

고풍스러운 한자 일색인 여느 사찰과 달리 수덕사 일주문의 현판은 한글로 쓰여있다. 양각으로 새겨진 "덕숭산 덕숭총림 수덕사"란 글씨가 정겹다. 둘레가 사람 몇이 팔을 벌려도 남을 것 같은 우람한 기둥이 제일 먼저 반겨준다.

수덕사

대웅전 부재들 사이에 예전에는 작은 벽화가 있어 장엄(莊嚴)에 큰 몫을 했다. 1937년 수리 때에 공양한 꽃꽂이, 작은 부처와 나한(羅漢)들, 극락조, 악기를 타는 비천 등 많은 벽화가 발견되어 사람들을 찬탄(讚歎)하게 했다.

악기를 타는 비천(飛天)은 풍만한 얼굴에 섬세한 이목구비와 손, 유연한 자태와 힘차게 펄럭이는 옷자락 등이 매우 생동감 있게 묘사되어있다. 고려 벽화의 아름다움을 한껏 드러내 학술적으로도 높게 평가되고 있다. 그런데 수리할 때에 떼어 놔두었던 벽화가 한국전쟁 때에 부서져버려 지금은 흔적조차 찾을 수 없게 되었다고 한다. 그나마 모사(摹寫)한 그림 몇 편이 국립중앙박물관에 남아있어 불행 중 다행이다.

이응로 화백이 머물렀다는 수덕여관도 잘 보존되어있다. 그는 한국전쟁 때도 이곳에 머무르며 수덕사 일대의 아름다운 모습을 화폭에 담았다고 한다. 대흥사 가는 길목에 유선관이 있는 것처럼 이곳에서 하룻밤을 머무르며 수덕사가 품고 있는 아름다운 밤 풍경도 제대로 느껴볼 수 있다면 좋겠다.

이응로 화백이 머물렀다는 수덕여관도 잘 보존되어있다. 그는 한국전쟁 때도 이곳에 머무르며 수덕사 일대의 아름다운 모습을 화폭(畵幅)에 담았다고 한다. 대흥사 가는 길목에 유선관이 있는 것처럼 이곳에서 하룻밤을 머무르며 수덕사가 품고 있는 아름다운 밤 풍경도 제대로 느껴볼 수 있다면 좋겠다.

먼 거리를 마다치 않고 수덕사를 찾았던 데에는 그만한 이유가 있었다. 몇 해 전 어느 가을날, 수덕사 대웅전 부처님과 이야기를 나누었다던 누군가의 이야기가 떠올라서였다. 나도 그처럼 대웅전 마루에 무릎을 꿇고 자비로운 부처님 모습을 그렇게 한참 동안 말없이 바라보고 있었다.

수덕사 대웅전은 참 매력적이었다. 모두들 열심히 부처님을 향해 절을 올리고 있었지만 난 무언가에 홀린 듯 그렇게 한참을 머물렀다. 오래된 것들이 주는 말로 표현할 수 없는 깊고 진중한 느낌, 그 무엇이 분명 있다. 켜켜이 쌓인 세월의 무게 앞에 잠시 머물렀다 가는 티끌 같은 존재의 하찮음을 또 한 번 깨닫게 되는 나는 경건(敬虔)해진다. 부처님도 아무 말이 없었다. 어찌 보면 근엄한 듯, 또 어떻게 보면 한없이 자비로운 미소로 나를 내려다보고만 계셨다.

해가 저무는 덕숭산에 부는 바람은 내 속의 열기를 식혀주려는 듯 차가웠다. 정신이 번쩍 드는 듯했다. 답은 멀리에 있는 것이 아닌데 왜 난 수백 킬로미터를 달려 이곳에 왔던 것일까? 하지만 어쩔 수 없는 노릇이다. 육신(肉身)은 여전히 사바세계(娑婆世界)에 있고, 부처님의 땅을 벗어나는 순간 다시 번뇌(煩惱)에 사로잡힐 수밖에 없음을 우리 모두는 이미 알고 있지 않은가.

수덕사 사천왕문에 모셔진 사천왕상의 모습에서 위엄이 느껴진다. 단청을 칠한 지도 얼마 되지 않은 것 같고, 사천왕상도 채색이 무척 화려하다. 머리 위 장식이 단풍 든 것처럼 타오르는 듯하다. 수덕사를 내려오는 길에 일주문을 다시 바라본다. 푸른 신록을 배경으로 두 마리의 용이 마치 돌기둥을 뚫고 나오는 것 같다. 뒤돌아서 속세의 사하촌(寺下村)으로 발걸음을 옮긴다. 산허리에 어둠이 내려앉고 있었다.

불국사

불국사

구품연지에 비치는 석축의 아름다움에 홀리다

경북 경주시 진현동 토함산 기슭에 있는 사찰로, 조계종 제11교구 본사다. 토함산은 경주 남산과 더불어 찬란했던 신라불교문화의 성지(聖地)였다. 날씨가 쾌청한 날에 토함산 정상에 오르면 푸른 동해가 한눈에 보인다. 1995년 12월에 토함산 중턱의 암자 석굴암과 함께 유네스코 세계문화유산으로 지정되었다.

정확한 창건 시기를 두고는 논란이 있다. 신라 법흥왕 15년(528)에 법흥왕의 모친인 영제 부인이 새 사찰을 짓고 싶은 소원을 가져 불국사를 처음 지었다는 기록과 『삼국유사』의 설화(說話) 등을 봐서는 긴 세월을 거쳐 여러 세력에 의해 점차 그 모습을 완성했다고 보는 것이 타당할 것 같다.

『삼국유사』에는 신라 경덕왕 때의 재상 김대성이 불국사를 창건했다고 나온다. 김대성이 전생의 부모를 모시기 위해 석굴암을 만들었고, 현생의 부모를 모시기 위해 불국사를 창건했다는 일화가 워낙 유명해서 그가 지은 것으로 아는 사람이 많다. 30여 년의 긴 세월이 걸린 워낙 큰 공사였기에 정작 김대성은 생전에 완성을 보지 못했다고 한다.

불국사는 신라 사람들이 그렸던 불국토(佛國土), 즉 피안(彼岸)의 이상향을 옮겨놓은 것이다. 부처님의 나라를 향한 신라인의 염원은 세 가지 형태로 나타나 있다. 『법화경』에 근거한 석가모니불의 사바세계(娑婆世界), 『무량수경』에 근거한 아미타불의 극락세계(極樂世界), 『화엄경』에 근거한 비로자나불의 연화장세계(蓮華藏世界)가 그것이다. 이 셋은 대웅전, 극락전, 비로전을 중심으로 전체를 구성했다. 황룡사가 거대한 규모로 압도하는 절이라면, 불국사는 치밀한 구성으로 아름다움을 극대화했다.

대웅전은 불국사의 중심 법당으로 석가모니불을 모시고 있다. 임진왜란 때 소실된 것을 1765년(영조 41)에 중창하였는데, 기단과 초석은 창건 당시의 모습을 유지하고 있다. 정면 5칸, 측면 5칸의 다포식 팔작지붕으로 전체 높이는 13m다. 양쪽 측면은 동서 회랑(回廊)으로 통하는 익랑(翼廊)과 연결되어있다.

임진왜란 때는 불교 신자였던 왜장 가토 기요마사(加藤淸正)가 불을 질러 대부분의 목조건축물이 소실되는 아픔을 겪었다. 경주 일대를 점령한 왜군들이 절 구경을 왔다가 절에 보관하고 있던 무기들을 발견한 것이 화근이었다. "아름다운 꽃일수록 맹독을 감추고 있다."라는 말을 남겼다던가. 대웅전의 장대석에 지금까지도 그때의 흔적이 남아있다.

유홍준 교수는 이렇듯 영욕(榮辱)의 역사를 함께한 불국사를 문화재 답사 (踏査)의 시작이자 마지막이라고 이야기했다. 너무나 아름다워서 누구나 꼭 한번은 보고 싶어 한다는 뜻이기도 하고, 한국의 아름다움을 찾아가는 여정의 궁극(窮極)이 바로 불국사라는 의미가 아닐까 짐작해본다.

불국사는 너무나 유명한 절이다. 우리나라 사람치고 불국사를 모르는 사람은 없을 테고, 그 흔한 수학여행이나 경주 여행을 통해 한 번쯤은 불국사 경내에 발을 들여놓은 적이 있을 것이다. 그래서 다들 불국사를 잘 안다고 여길지도 모르겠다. 불국사를 와보지 않았더라도 다보탑과 석가탑, 청운교와 백운교 등의 이름을 줄줄이 꿸 정도니까.

나 역시도 마찬가지였다. 경주에서 학창 시절을 보낸 인연 덕에 불국사는 꽤 익숙한 장소였다. 11번 시내버스를 타고 종점에 내리면 불국사 입구 주차장이었다. 나뭇잎이 무참히 떨어지는 늦가을이면 아무런 이유 없이 발걸음이 절로 향하기도 했다.

하지만 정작 불국사의 진면목을 보지는 못했던 것 같다. 불국사가 지닌 아름다움에 대해 보는 눈이 없었던 나의 여행은 그저 남들 움직이는 대로 별다른 감흥(感興) 없이 불국사 경내를 한 바퀴 돌아 나오는 것에 그쳤다. 그러다 달빛 아래 울려 퍼지는 범종 소리에 잠시 발걸음을 멈추기도 했고, 극락전 앞 복돼지상에 입을 맞춰보기도 했다.

문화재에 조예가 깊은 전문가들은 불국사의 아름다움 가운데 으뜸을 석축으로 꼽는다. 다보탑, 석가탑도 아니요, 청운교, 백운교도 아닌 석축(石築)이라니. 산자락에 있는 불국사는 불가피하게 경사지를 두 개의 단으로 조성하고 거기에 석축을 쌓았는데 아랫단은 자연미가 드러나게 쌓았고, 윗단은 잘 다듬은 돌로 쌓아 인공미가 부각(浮刻)된다는 설명이다.

자하문은 정면 3칸, 측면 2칸의 단층 팔작지붕 건물로 대웅전 앞 중문(中門)이다. 국보 제23호인 청운교와 백운교를 오르면 넓은 석조 기단 위에 이 문을 통과해 대웅전에 이르게 된다. 문의 양옆은 1973년에 복원한 남회랑(南回廊)이 연결되어있다.

무심코 보아 넘겼던 석축 아래에서 한참을 서있었다. 정말 그랬다. 석축은 두 부분으로 나누어져있었는데 아랫단은 투박한 자연석을 쌓아 올렸고, 윗단은 말끔하게 다듬어진 돌을 맞춰 단아한 모습이었다. 특히, 자연석의 초석을 깎은 것이 아니라 그 위에 얹을 장대석을 자연석에 맞춰 깎은 '그랭이 기법(技法)'의 석축은 탄성을 자아내기에 충분했다.

극락전 안양문에서 연화교를 내려다보며 연꽃무늬가 계단을 타고 내려가는 모습을 세심히 살펴보는 것도 불국사 답사의 또 다른 재밋거리다. 시간대에 따라, 빛의 방향과 강약에 따라 선명함이 다를 수는 있겠지만, 돌계단 위에 돋아난 연꽃을 볼 수 있다.

대웅전 앞마당에 서있는 다보탑과 석가탑은 불국사의 또 다른 상징이다. 나란히 국보 20호와 21호로 지정되어있는 두 탑은 신라 불교예술의 정수로 평가받고 있다. 석가탑은 완벽한 비례와 직선미를 선보이고 있으며, 바로 옆에 있는 화려한 다보탑은 자유롭고도 독특한 형식이다.

몇 해 전 돼지해를 맞아 불국사 극락전 앞에도 복돼지상이 세워졌다. 많은 재물을 얻어 부자가 되고 싶은 욕심은 누구나 매한가지일 것이다. 불국사를 찾는 사람들은 저마다 복돼지상을 만지거나 입을 맞추곤 하는데, 원래 극락전의 복돼지는 현판 뒤에 숨어있으니 제대로 복(福)을 구하려면 여기에 빌어보는 편이 낫겠다.

사랑하면 알게 되고 알면 보이나니, 그때 보이는 것은 전과 같지 않으리라. 애정을 가지고 바라보니 예전에 보지 못하던 것들이 눈에 보이기 시작했다. 느지막이 우리 문화의 진수(眞髓)를 하나둘 알아가는 기쁨을 맛보고 있다. 석축과 연화교의 연꽃 말고도 불국사의 감춰진 아름다움은 여럿 있으니 꼼꼼히 찾아보는 것 또한 불국사를 즐기는 좋은 방법이 될 수 있을 것이다.

원래 불국사 앞마당에는 구품연지라고 불리던 큰 연못이 있었다고 한다. 청운교와 백운교 아래에 동서로 길이가 39.5m, 남북으로는 폭이 25.5m가 되는 타원형 형태였는데, 1970년대에 대대적인 복원 공사를 하면서 불국사 앞마당의 나무가 훼손된다는 점, 관람객의 동선 등을 고려해 복원하지 않는 것으로 결론을 맺었다는 설명이다.

물론 쉬운 결정은 아니었을 것이다. 당시에도 많은 고민이 있었겠지만, 결과적으로는 아쉬운 선택이었다. 구품연지가 있었더라면 불국사는 불국토의 구현이라는 당초 건축 목적에 부합되는 아름다움을 보여줄 수 있지 않았을까? 관람객이 설 자리는 좀 줄어들었겠지만, 사람들의 마음속에 더욱 큰 울림을 주었으리라 확신한다. 그래서 매번 범영루 아래를 지날 때면 그 이름처럼 화려한 누각이 석축과 함께 구품연지에 비치는 상상을 해보곤 한다.

관음전은 자비의 상징인 관세음보살을 모신 불전이다. 관세음보살은 남쪽 바다에 솟아있는 보타락가산에 거주하면서 사바세계를 굽어보고 중생을 구원해준다고 해 불국사의 관음전이 비로전보다 높은 곳에 있는 것이다.

대웅전 앞마당에 서있는 다보탑과 석가탑은 불국사의 또 다른 상징이다. 나란히 국보 20호와 21호로 지정된 두 탑은 신라불교예술의 정수(精髓)로 평가받고 있다. 석가탑은 완벽한 비례와 직선미를 선보이고 있으며, 바로 옆에 있는 화려한 다보탑은 자유롭고도 독특한 형식이어서 두 석탑이 대칭되면서도 강렬한 대비를 느낄 수 있는 절묘한 구성인 것이다.

나이가 들어갈수록 화려한 기교가 돋보이는 다보탑보다 수수한 시골 아낙 같이 생긴 석가탑에 더 정이 가는 건 왜일까? 백제 장인(匠人) 아버지와 아사녀의 애달픈 사랑 이야기에다 세계 최초의 목판 인쇄물로 추정되는 무구정광

회랑은 사원이나 궁궐 건축에서 주요 부분을 둘러싼 지붕이 있는 긴 복도를 뜻하는데, 중정(中庭)을 구획하거나 신성한 지역을 둘러싸기 위하여 설치하였다. 불국사는 우리나라에서 유일하게 회랑이 복원되어있는 사찰이다.

대다라니경이 발견되면서 석가탑의 가치는 한층 더해졌다.

1966년 석가탑을 수리할 때의 일은 안타깝다. 전문가가 아닌 인부들이 나무 전봇대를 기중기 삼아 엉성하게 작업을 진행하다 전봇대가 부러지는 바람에 석가탑 일부가 파손되는 어처구니없는 일이 발생했다. 후진적인 문화재 관리의 단면을 보여주는데, 지금이라고 해서 많이 나아진 것 같지도 않다.

궁궐에 주로 있는 회랑(回廊)이 있는 절이라는 점에서도 이채롭다. 그래서인지 불국사의 회랑을 걸을 때면 고궁을 걷는 기분이 든다. 보름달이 휘영청 밝은 신라의 달밤, 불국사 대웅전 앞마당의 풍경은 얼마나 경이(驚異)로울까? 달빛이 포근하게 석가탑에 내려앉아 백제 석공의 어깨를 어루만져줄 테지.

선운사

선운사 꽃무릇은 지고, 단풍은 불타오르고

산 아래 실개천이 흐르고 울창한 숲이 내를 감싼다. 가끔 구름이 쉬었다 간다. 한껏 여유로운 풍경이다. 바람처럼 잠시 머물며 쉬다 가도 좋다. 선운사는 꽃이 있어 아름다운 절이다. 봄이면 동백꽃이, 여름이면 배롱나무꽃이, 그리고 가을이면 꽃무릇이 붉게 타올라 절을 가득 채운다.

우람한 느티나무와 아름드리 단풍나무가 사천왕처럼 호위(護衛)하는 숲길을 지나 선운사에 당도한다. 선운사는 잎이 지고 난 뒤 꽃이 피어 상사화라고 불리는 꽃무릇 군락지(群落地)로 유명하다. 도솔천 계곡과 산비탈을 수놓는 가을 단풍(丹楓)도 아름답기로는 뒤지지 않는다.

사시사철 붉디붉은 꽃들이 풍성하게 피어난다지만 때를 잘 맞추지 못하면 허사다. 꽃이란 것이 또 언제 피었냐는 듯 소리도 없이 져버리니까. 이번에도 그랬다. 그 유명한 선운사 꽃무릇을 보고 싶었지만, 너무 늦어버렸다.

11월을 지척에 둔 늦가을의 선운사는 선홍색 꽃무릇은 벌써 지고 울긋불긋한 단풍이 절정을 향해 불타오르고 있었다. 꽃무릇을 보지 못한 아쉬움은 있었지만, 선운사로 가는 숲길과 경내를 가득 채워주는 단풍이 있어 그나마 아쉬움을 덜 수 있었다.

선운사가 들어선 터가 옆으로 길게 펼쳐진 지형이라 대웅보전도 터의 우측에 치우쳐있다. 건물은 정면 5칸, 측면 3칸의 다포계 맞배지붕인데, 정면은 기둥 사이가 넓어 다른 건물의 7칸 정도의 길이다. 대웅보전 앞에는 6층 석탑이 우뚝 서있는데 원래는 9층이었다고 한다.

선운사는 전북 고창군 아산면 삼인리 도솔산에 자리한 조계종 제24교구 본사다. 도솔산은 선운산(禪雲山)이라고도 불린다. 도솔산은 기암괴석이 많아 호남의 내금강이라고 불리는데, 선운사가 한창 번창할 무렵에는 89개의 암자와 189개에 이르는 요사(寮舍)가 어우러져 산 전체가 거대한 불국토를 이뤘다고 한다.

선운사의 창건에 대해서는 신라 진흥왕이 창건했다는 설과 백제 위덕왕 24년(577)에 고승 검단 선사가 창건했다는 두 가지 설이 전하고 있는데, 이곳이 신라와 백제가 치열한 세력 다툼을 벌였던 백제 영토였다는 점에서 검단 선사의 창건설에 좀 더 믿음이 가는 게 사실이다.

선운사 영산전은 석가모니의 일생을 기리고, 그 행적을 보여주는 전각으로 원래 이름은 장육전이었다. 목조삼존불상이 모셔져있는데 전라북도 유형문화재 제28호로 지정되었다. 장엄하고 화려한 대웅전에 비해 영산전 건물은 상대적으로 간결해 보인다.

절의 창건과 관련해서도 몇 가지 설화가 전해오고 있다. 많은 절이 그렇듯 본래 선운사 자리도 용이 살던 큰 못이었다고 한다. 검단스님이 용을 몰아내고 연못을 메워나갈 무렵 마을에 눈병이 심하게 돌았는데 못에 숯을 한 가마씩 갖다 부으면 눈병이 씻은 듯이 나았단다. 이를 신기하게 여긴 마을 사람들이 너도나도 숯과 돌을 가져와 큰 못이 금방 메워지게 되었다는 이야기다.

다른 이야기도 있다. 이 지역에 도적이 많았는데, 스님이 이들을 교화(敎化)시켜 소금을 구워서 살아갈 수 있는 방도를 가르쳐주었다. 스님의 은혜에 보답하기 위해 마을 사람들이 해마다 봄·가을이면 절에 소금을 갖다 바치면서 이를 '보은염(報恩鹽)'이라 했다는 것이다. 절이 위치한 곳이 해안과 그리 멀지 않고 얼마 전까지만 해도 이곳에서 염전(鹽田)을 일궜다고 하니 허무맹랑한 이야기만은 아닌 것 같다.

남아있는 전각은 보물 제290호 대웅보전과 관음전, 영산전, 팔상전, 명부전 등이 있고, 대웅보전 앞에는 6층 석탑이 서있다. 500년 수령에 높이가 6m가 넘는 동백나무들이 대웅전을 병풍처럼 감싸며 군락을 이루고 있다. 동백나무 숲, 장사송, 송악은 천연기념물로 지정되어있다.

참당암, 도솔암, 동운암, 석상암 등 4개의 암자가 있는데, 참당암은 그중에서 가장 오래되었다. 지금은 산내 암자로 위축되었지만 본래 참당사 또는 대참사(大懺寺)로 불리었던 큰 절이었다. 선운사가 중심 도량이 되면서 상대적으로 차츰 사세가 약화되었다.

도솔암은 신비로운 전설이 전하는 곳이다. 이름에서 알 수 있듯 새로운 세상을 갈망했던 민초들의 염원이 서려있는 곳이기도 하다. 신라 진흥왕이 만년에 왕위를 버리고 도솔산의 한 굴에서 머물고 있었는데, 어느 날 밤 바위가 쪼개지며 미륵삼존불이 나타나는 꿈을 꾸고 도솔암을 창건하였다고 사적기는 전한다. 미륵삼존이 꿈에 나타난 것이며, 도솔(兜率)이라는 이름 모두 이 암자가 미륵 신앙으로 창건되었음을 알 수 있다.

도솔암의 서편 암벽 칠송대(七松臺)에는 높이가 13m에 너비가 3m에 이르는 거대한 마애불좌상이 새겨져있다. 화순에 있는 운주사 와불이 일어서는 날 새로운 세상이 열릴 것이라 믿었던 것처럼 이곳 사람들도 이 부처를 미륵불이라 부르며 현세의 고통을 견뎌냈을 것이다. 마애불의 배꼽에 신기한 비결(秘訣)이 숨겨져있다는 전설이 끊이지 않고 이어졌고, 결국 동학 농민전쟁 무렵에는 동학의 주도 세력들이 현세를 구원해줄 미륵을 내세워 민심을 모으려 이 비기를 꺼내 가는 사건이 일어나기도 했다.

선운사를 둘러보는 데는 그리 시간이 오래 걸리지 않았다. 대웅전 주위에는 많은 연등이 걸려있었다. 부처님 오신 날도 아닌데 이렇게 많은 형형색색의 연등이 걸려있는 걸 보면 아마도 큰 행사가 열리는가보다. 시선을 잡아끄는 그림에 잠시 발길을 멈춰도 본다. 시간에 쫓길 것도 없고, 다른 사람들의 재촉에 맘 급할 일도 없는 이런 여행이 참 편하긴 하다. 어쩔 수 없는 외로움은 그저 감내할 수밖에 없다.

선운사를 돌아 나오는 길, 때가 늦어 모두 져버린 꽃무릇을 아쉬워하면서 걸었다. 도솔천 주변에도, 부도밭 가는 길에도 꽃무릇의 흔적조차 찾을 길 없다. 미당 서정주는 선운사에 동백꽃 구경을 왔다가 피지 않은 동백꽃을 아쉬워하며 막걸릿집에서 마음을 달랬던 적이 있었다고 한다. 「선운사 동구」라는 시에서 그 마음을 미루어봄 직하다.

11월을 지척에 둔 늦가을 선운사의 선홍색 꽃무릇은 벌써 지고 울긋불긋한 단풍이 절정을 향해 불타오르고 있었다. 꽃무릇을 보지 못한 아쉬움은 도솔천과 숲길을 가득 채워주는 단풍으로 채울 수 있었다.

선운사 골짜기로

선운사 동백꽃을 보러 갔더니

동백꽃은 아직 일러 피지 안 했고

막걸릿집 여자의 육자배기 가락에

작년 것만 상기도 남었습니다.

그것도 목이 쉬어 남었습니다.

시인이야 육자배기 가락에 담긴 동백꽃을 봤다지만, 나는 붉은 단풍으로 아쉬움을 달랠 노릇이다. 선운사 가을의 절정은 단풍이다. 꽃무릇 지고 난 도솔천 골짜기를 울긋불긋 물들이는 단풍이야말로 사람을 시인으로 만든다. 가을날 선운사 길을 걷는 사람은 누구나 시인이 된다. 단풍에 홀려 가을 속으로 걸어간다.

선운사 경내에 남아있는 전각은 보물 제290호 대웅보전과 관음전, 영산전, 팔상전, 명부전 등이 있고, 대웅보전 앞에는 6층 석탑이 서있다. 500년 수령에 높이가 6m가 넘는 동백나무들이 대웅전을 병풍처럼 감싸며 군락을 이루고 있다.

대웅전 앞에는 많은 연등이 걸려있었다. 형형색색의 연등이 걸려있는 걸 보면 큰 행사가 열리는가보다. 시선을 잡아끄는 그림에 잠시 발길을 멈춰도 본다. 시간에 쫓길 것도 없고, 다른 사람들의 재촉에 급해질 일도 없는 이런 여행이 참 편하다.

제철을 만난 듯 불타오르는 단풍을 바라보며 깊어가는 가을을 만끽한다. 선운사에서 선운사 상가 단지로 가는 길목에 미당의 시비가 있다. 느린 호흡으로 시 한 편 읊어보는 것도 좋겠다. 조성해놓은 생태숲도 거닐어본다. 노란 단풍나무가 파란 하늘과 대조를 이뤄 더욱 도드라져 보인다. 작은 연못을 따라 난 생태 탐방로를 따라 걷기에 참 상쾌한 날이다. 이따금 불어주는 가을바람에 갈대가 몸을 맡기고 있다.

선운사 경내의 감나무에 매달려 빨갛게 익어가던 감이 기억에 남는다. 사찰 경내에서 감나무를 본 건 이번이 처음인 것 같다. 누구도 애써 감을 따려 하지 않는다. 온전히 까치들의 몫이 되는 걸까? 그리하여 내게 선운사는 온통 붉은빛으로 기억되게 생겼다. 백일홍, 꽃무릇과 단풍, 그리고 빨갛게 익어가는 감까지.

고운사

고운사

높고 외로운 구름이 고운 절

고운사는 경북 의성군 단촌면 등운산에 위치한 조계종 제16교구의 본사이다. 이 절이 위치한 자리가 천하의 명당(明堂)자리라고 한다. 연화반개형상(蓮花半開形狀)이라고 하는데, 연꽃이 반쯤 핀 모양이란 뜻이다. 풍수지리는 잘 모르지만, 고운사를 찾았을 때 무언가 아늑하고 마음이 평안해지는 느낌을 받았으니 헛된 말은 아닌 것 같다.

화엄종의 창시자인 의상대사가 신라 신문왕 원년인 681년에 창건해 처음에는 고운사(高雲寺)로 불렸다. 이후 신라 말기 유·불·선에 통달해 신선이 되었다는 최치원이 이 절에 들어와 가운루와 우화루를 창건하고 머물게 되었는데, 그의 호를 따 지금처럼 고운사(孤雲寺)로 불리게 되었다. 한자 이름으로는 높은 구름이 외로운 구름으로 바뀌게 된 것이지만 내겐 그저 고운 절로만 느껴진다.

최치원은 신라 최고의 지성이라 일컬어지는 인물이다. 그의 나이 열두 살 때 당나라로 건너가 6년 만에 과거에 합격했고, 875년 황소의 난이 일어났을 때는 「토황소격문(討黃巢檄文)」을 지어 명성을 떨쳤다. 이후 신라로 돌아왔지만 6두품이라는 신분의 한계와 신라 말의 혼란은 그에게 깊은 좌절을 안겼다.

최치원의 혁신적인 개혁안들이 신라 사회에서 꽃을 피울 수 있었더라면 우리 역사도 많이 달라질 수 있을 것이라 생각하니 아쉬운 마음이 든다.

고려 태조 왕건의 스승이자 풍수지리사상의 시조 격인 도선국사가 이 절을 크게 일으켰다고 하는데, 당시 5개의 법당과 10개의 요사채를 지닌 규모였다고 전해진다. 약사전의 부처님과 나한전 앞의 삼층석탑 역시 그때 만들어진 것이라고 한다. 한창 번성했을 때는 366칸의 건물에 200여 대중이 수행(修行)하는 큰 절이었지만, 지금은 많이 쇠락(衰落)하여 교구 본사로는 매우 작은 규모를 유지하고 있다.

가운루 누각에 앉아 흐르는 계곡의 물소리를 듣고, 녹음이 우거진 푸른 산과 파란 하늘을 배경 삼아 떠가는 구름을 바라보고 있노라면 이곳 풍경은 옛 기록에 전하는 것처럼, 말 그대로 '신선의 세계'라 부를 만할 것 같다.

일제강점기 때는 조선불교 31총본산의 하나였고, 지금은 의성, 안동, 봉화, 영양 지역에 산재한 60여 곳의 크고 작은 사찰을 관장하고 있다. 교구 본사로서 전국에서 유일하게 입장료를 받지 않는 사찰로도 유명하다. 아주 작은 사찰들이야 그렇다 쳐도 웬만한 사찰들은 문화재 관람료라는 명목으로 돈을 받고 있는데, 이런 면에서도 고운사는 참 '고운 절'이 맞는 것 같다.

고운사로 들어가는 숲길 또한 아름답다. 잘 다듬어진 흙길은 참으로 곱다. 신발을 벗고 맨발로 매끄러운 흙의 감촉을 오롯이 느끼며 걸어보고 싶은 유

연수전은 영조 20년(1774)에 왕실의 계보를 적은 어첩(御牒)을 봉안하기 위해 건립되었는데, 사찰의 일반적인 전각 모습과는 확연히 다른 형태이다. 사찰 내에 자리한 왕실 관련 건물이라는 점도 독특하다.

혹을 매번 느낀다. 몇 번을 왕복해도 질리지 않을 만큼 다양하고 풍성한 풍경을 선사한다. 특히 단풍이 화사하게 내려앉은 가을날의 숲 풍경은 말 그대로 그림이다. 그래서 이 길은 언제고 다시 찾아오고 싶은 곳이요, 좋은 사람들에게 소개해주고 싶은 곳이기도 하다.

어느새 일주문(一柱門)에 다다랐다. 고운사의 느낌은 예전과 다름없었다. 포근하고 정겨운 느낌 그대로다. 이번엔 용기를 내 법당 안에 들어가 불전함에 시주(施主)도 하고, 간절한 소망을 담은 기도도 잠간 올렸다. 여러 절을 다니는 동안 많이 무뎌지고 익숙해진 덕분이리라.

고운사에는 대웅보전, 극락전, 약사전, 나한전, 명부전, 고금당, 우화루 등 코고 작은 전각들이 공간을 채우고 있다. 이 가운데 미음에 드는 건물을 꼽으라면 연수전과 가화루라 할 수 있다. 특히 연수전은 한참을 둘러보고도 내려가는 길에 다시 발길이 저절로 이끌릴 만큼 마음을 끄는 매력이 있는 건물이다. 삐걱거리는 만세문을 열고 연수전을 들여다보던 느낌이 지금도 생생하다.

연수전은 조선 시대 영조 임금이 내린 어첩(御牒)을 봉안하던 건물이었는데, 지금의 건물은 고종 때 지은 것이라 한다. 임금의 장수를 기원하던 곳으로 우리나라 사찰에서는 흔히 볼 수 없는 건축 형태를 지닌 곳이다. 채색의 빛이 바랜 것을 보면 수백 년은 족히 넘어 보였는데, 고종 때 지은 건물이라고 하니 조금 의외다. 요즘 사찰들이 화려하게 채색하고 단장하는 모습과 비교된다. 구태여 손을 대기보다는 오래된 대로 놔두는 것도 좋지 않을까 싶다.

가운루는 독특한 형태로 지어졌다. 신라 시대 최치원이 건축했다고 전해지고 있는데, 우리나라의 아름다운 건축물 중 하나로 손꼽힌다. 원래 이름은 가허루(駕虛樓)였다. 이 건물이 어떻게 지어졌냐 하면 계곡 위에 돌기둥을 세우고, 이 돌기둥 위에 다시 나무 기둥을 세워 건물을 올렸다. 계곡 아래에서 누각을 보면 마치 큰 바다를 항해하는 배처럼 보일 법하다.

　가운루 누각에 앉아 아래로는 흐르는 계곡의 물소리를 듣고, 위로는 녹음이 우거진 푸른 산과 파란 하늘을 배경 삼아 떠가는 구름을 바라보는 풍경은 옛 기록에 전하는 것처럼 '신선의 세계'라고 불러도 지나치지 않겠다. 아쉽게도 지금은 계곡이 메워지고 물길마저 흐트러져 옛 풍광을 제대로 누리기 어려워졌다.

　가운루에서 빼놓지 말고 보아야 할 것이 있다. 서쪽 벽에 호랑이 그림이 그려져있다. 당장에라도 덮쳐올 듯 그 위세가 사뭇 당당하다. 특히 눈빛이 사위(四圍)를 압도하듯 형형(熒熒)하다. 조선 중기에 그려졌다고 전해지는데 어디서 그림을 보더라도 호랑이 눈동자가 보는 이를 향한다는 것이다. 원래 그림은 요사채 공양간으로 옮겼고, 지금 가운루에 있는 그림은 모작(模作)이다. 호랑이 눈동자를 한참 응시하면 좋은 기운을 받을 수 있다니 고운사가 주는 고마운 선물로 여겨도 좋겠다.

　가운루를 비켜 난 길을 따라 길을 걸으면 고운사의 본당인 대웅전이 나온다. 등운산 산자락 아래 터를 잡은 대웅보전에서는 조계종 본사의 위엄이 느껴진다. 그 기세에 눌린 탓인지 대웅보전에는 여태껏 발을 들인 적이 없다. 크고 화려한 부처님보다는 고불전이나 약사전에 모셔진 오래된 석불이 내 소원에 좀 더 귀를 기울여주실 것 같은 생각이 들어서였을까.

　위풍당당한 모습으로 서있는 대웅보전을 지나 작은 언덕을 오르면 나한전과 스님들이 수행하는 선원이 자리하고 있다. 원래 지금의 나한전 자리에 대웅전이 있었는데 대웅전을 새로 지으면서 옮겨졌다고 한다. 나한전 아래는 삼

나한전 아래는 삼층석탑이 변함없이 자리를 지키고 있다. 이곳에 서서 고운사를 내려다보는 느낌을 참 좋아한다. 고운사에 올 때면 늘 여기에서 한참을 머무르곤 한다.

층석탑이 자리를 지키고 있다. 이곳에 서서 고운사를 내려다보는 느낌을 참 좋아한다. 고운사에 올 때면 늘 여기에서 한참을 머무르곤 한다.

  절을 내려오는 길에 극락전 옆 만덕당 마루에 잠시 앉아 땀을 식혔다. 극락전은 지금의 대웅보전이 지어지기 전까지 고운사의 큰 법당 역할을 했다. 퇴락(頹落)했으되, 단아한 기품은 잃지 않았다. 한두 번 보아온 풍경도 아닌데 맞은편 등운산을 바라보는 느낌이 이날따라 새삼스러웠다. 풍만한 젖가슴 같은 등운산과 그 위를 쉼 없이 흘러가는 구름을 바라보니 우리네 인생이 저 구름처럼 덧없는 것이로구나 하는 생각이 들어 잠시 서글픈 마음이 들었다. 남은 인생은 덧없는 구름이 아니라 변함없이 자리를 지키는 산으로 살았으면 좋으련만.

극락전 옆 만덕당 마루에 앉아 땀을 식히며 맞은편 등운산을 바라보는 즐거움은 고운사 여행의 빼놓을 수 없는 묘미가 아닐 수 없다. 매번 이곳에서 덧없이 흘러가는 구름을 바라보며 어찌할 수 없는 인간 본연의 외로움을 맛보게 되는 것 같다.

욕심을 내려놓아야 할 절에 가서 우리는 무언가를 갈구(渴求)한다. 그래서 절집을 사람들의 수많은 바람이 지었다고 했던가. 비운 뒤에라야 다시 채울 수 있는 것이 세상사의 당연한 법칙인데 어리석은 중생들은 손아귀에 쥐려고만 한다. 바라는 것도 많고 서운한 것도 많은 것이 우리네 인생이다. 만 원짜리 기와 공양이라도 하고 와야 마음이 편한 까닭도 크게 다르지 않으리라.

"묵지심융(默識心融)"이라 했다. 굳이 말하지 않아도 마음이 통하리라 여겨본다. '내 마음이 전해지기는 했을까?', '혹여 상대가 오해하지는 않을까?' 하는 고민도 이 절에서는 내려놓는다. 잠시 마주한 찰나의 고요함을 통해 마음의 큰 위안을 얻고 절을 되돌아 나온다. 한때는 오래된 절집이 주는 편안함과 세월의 무게, 풍요롭고도 상쾌한 숲길과 계곡의 시원한 물소리에 이끌렸었는데, 이제는 조금 더 깊은 마음의 평안을 얻으려 다시 이곳을 오게 될 것 같다.

요즘 이름난 명산대찰 입구에는 등산객이나 관광객을 맞이하려 식당이나 상가들이 조성되어있어 산사에 왔다는 기분을 느끼기가 어려운 게 사실이다. 그런데 이 고운사는 상가는커녕, 주변의 민가로부터도 한참이나 떨어져있어 천년 고찰에 어울리는 고즈넉함을 맘껏 누릴 수가 있다. 그래서 높고 고운 절이다. 외롭긴 하지만, 또 고마운 절이다.

가운루 서쪽 벽에는 호랑이 그림이 그려져 있는데, 당장에라도 덮쳐올 듯 그 위세가 사뭇 당당하다. 사방을 압도하듯 형형(熒熒)한 호랑이 눈동자를 응시하면 좋은 기운을 받을 수 있다고 한다.

화엄사

화엄사

고요와 청순의 아름다움이 넘쳐흐르다

크고 웅장한 사찰에 들어서면 위압감을 느끼는 게 보통이지만 화엄사는 빛바랜 단청 그대로, 이끼 낀 돌탑 그대로의 모습에서 천년 고찰다운 세월의 무게와 더불어 정겨움을 느낄 수 있다. 누군가가 화엄사를 '고요와 청순(淸純)의 아름다움이 지리산 깊은 산속에 맥맥히 넘쳐흐르는 느낌'이라고 표현했다고 하는데, 정말 그 느낌 그대로다.

노고단으로 오르는 등산로가 있어 화엄사 입구는 늘 자동차와 사람의 물결이다. 사하촌은 활기가 넘친다. 그러던 것이 계곡을 따라 오르다 보면 속세의 소리는 이내 산사의 고요에 묻힌다. 성속(聖俗)의 경계(境界)가 이토록 뚜렷하다. 화엄사에 들어서자마자 보통의 절과는 다른 독특한 느낌을 받게 된다. 일주문에서 대웅전까지 일직선으로 연결되는 가람배치를 하는 것이 일반적인데, 화엄사는 건물들이 조금씩 어긋나 있는 것이다. 그 독특한 구조로 인해 절의 깊숙한 중심으로 몰입(沒入)되며 걸음을 옮기게 된다.

서로 비켜 서있는 일주문과 천왕문을 지나 대웅전에 당도하려면 보제루라는 누각을 거쳐야 한다. 보통의 절들은 이 누각 아래를 통과해서 대웅전에 다다르게 되는데, 이곳은 누각 1층의 기둥 높이를 낮게 만들어놓은 탓에 통과

할 수는 없고 옆으로 돌아가야 한다. 이 또한 화엄사가 다른 절집들과 구별되는 점이라 할 수 있겠다.

보제루를 돌아 나와 넓은 마당에 서면 정면으로는 화엄사의 본당인 대웅전을, 왼쪽 계단 위로는 각황전을 마주하게 된다. 두 불전 모두 높은 석축 위에 자리해있는 데다 각황전은 밖에서 볼 때는 2층 형태의 건물이라 그 모습이 사뭇 당당하다. 그 주변으로 명부전, 영산전, 원통전, 나한전, 적조당 등의 전각이 에워싸고 있고, 석탑과 석등들이 여백을 채워준다.

각황전은 바깥에서 볼 때는 2층 형태지만, 안에서 보면 단층 구조로 만들었다. 우리나라 목조 건축물 가운데 가장 큰 규모인데, 화엄사를 찾는 사람들은 빛바랜 채로 천년의 세월을 간직하고 있는 단청의 아름다움에 매료되지 않을 수 없다.

화엄사의 본당 대웅전은 비운(悲運)의 건물이다. 외모도 출중하고 풍채도 적당한 편인데, 각황전에 비하면 왜소(矮小)해 보이는 탓에 관심이 덜하다. 이

화엄사 **193**

같은 약점을 보완하기 위해 각황전보다 큰 규모의 계단을 만들고, 석축 가까이에 건물을 놓아 앞마당에서 바라봤을 때 좀 더 커 보이도록 세심한 배려를 했지만, 화엄사 하면 각황전을 제일로 치는 사람들의 마음을 얻기에는 부족했던가보다.

국보 제67호로 지정된 각황전은 바깥에서 볼 때는 2층 형태지만, 안에서 보면 단층 구조이다. 우리나라 목조건축물 가운데 규모로는 첫손가락에 꼽힌다. 우선 그 규모에 놀라고, 빛바랜 채로 천년의 세월을 간직하고 있는 단청에 또 한 번 놀라게 된다. 수많은 사찰이 정비(整備), 복원(復原)의 이름으로 새 단장을 하는 모습을 많이 봤었는데, 이곳은 그냥 그 모습 그대로라서 좋았다.

각황전 앞에는 그 위용에 어울릴만한 높이 6m가 넘는 거대한 석등이 서있는데, 국보 제12호로 지정되어있다. 이 석등은 우리나라는 물론 세계에서도 제일 크다. 그 옛날 이 석등에 불이 켜져있던 모습은 어땠을까 상상을 해보게 된다. 은은하게 새어 나온 불빛이 화엄사의 중심인 각황전을 환히 비춰주고 있었겠지. 화엄사의 밤 풍경이 새삼 궁금해지는 이유다.

각황전 옆으로 난 108개의 계단을 따라 올라가면 화엄사가 자랑하는 또 하나의 국보 문화재를 만날 수 있다. 국보 제35호인 화엄사 사사자삼층석탑이 바로 그것이다. 화엄사를 창건한 연기조사가 어머니의 명복을 빌기 위해 세운 탑이라는 전설이 있다. 경주 불국사의 다보탑과 어깨를 나란히 한다고 한다. 동서남북 방향으로 사면에 세워진 네 마리의 사자 머리 위에 삼 층짜리 석탑을 올린 독특한 형태다.

이렇듯 국보 문화재의 노천 박물관과도 같은 화엄사가 소실될 뻔한 위기가 있었다고 한다. 한국전쟁이 한창이던 1951년 5월 빨치산 토벌 대장을 맡고 있던 차일혁 총경에게 구례 화엄사를 소각하라는 명령이 떨어졌다. 신록이 우거지게 되면 사찰이 빨치산의 본거지가 될 수 있다는 이유에서였다. 명령을 받은 그가 얼마나 곤혹스러웠을지 짐작이 가고도 남는다.

화엄사의 본당 대웅전은 외모도 출중하고 풍채도 적당한 편인데, 각황전에 비하면 왜소해 보이는 탓에 관심이 덜하다. 이 같은 약점을 보완하기 위해 각황전보다 큰 규모의 계단을 만들고, 석축 가까이에 건물을 놓이게 만드는 등 세심한 배려를 했지만, 사람들의 마음을 얻기에는 부족했던가 보다.

각황전 옆자리에 홍매화가 붉은 자태를 뽐내고 있다. 어둠이 내리더라도 석등과 함께 홍매화의 붉은 빛으로 화엄사를 환히 빛날 것만 같다. 화엄사의 밤 풍경이 기다려지는 이유다.

고민 끝에 차 총경은 "절을 태우는 데는 반나절이면 족하지만, 절을 세우는 데는 천 년도 부족하다."라며 각황전 등 전각의 문짝만 떼어내 소각하라는 지시를 내렸다고 한다. 그것만으로도 빨치산을 감시하는 데 충분하다는 판단에서였다. 이 일로 차 총경은 감봉 처분 등을 받았지만, 천년 고찰 화엄사를 지켜낸 공로를 기려 1998년 화엄사에서 공적비를 세운 데 이어, 2008년에는 문화재청에서 그의 아들에게 감사장을 전달했다고 한다.

화엄사만의 일이 아니었다. 해인사를 전투기로 폭격하라는 명령도 내려졌었다. 폭탄을 다른 곳에 떨어뜨린 덕분에 천년 고찰 해인사는 무사할 수 있었지만, 호남 일대의 고찰 대원사, 보림사, 송광사는 모두 전쟁의 참화 속에 잿더미가 됐다. 오대산 월정사 역시 21동의 당우와 문화재가 모두 사라지고 팔각구층석탑만 덩그러니 남았던 아픈 역사가 있다.

생각해보면 참으로 아찔한 순간이 아닌가. 첨예한 이념 대립 속에서 자칫 소중한 문화유산이 한 줌 재로 사라질 뻔했으니 질곡의 우리 현대사를 다시금 생각해보게 된다. 전시(戰時)에 상부의 추상같은 명령까지 어겨가며 화엄사를 지켜낸 차일혁 총경의 용기가 참으로 가상하게 느껴지는 대목이다. 치열했던 이념 대결이 많이 누그러졌다고는 하지만 지금도 곳곳에 도사리고 있는 것 같아 안타깝다.

계단에 한참을 앉아 화엄사를 마음에 담아보았다. 이리도 웅장하면서도 아름답고 단아한 느낌이 드는 절이 또 있을까? 화엄사를 환히 밝혀주던 홍매화가 지고 없어도 아쉽지 않았다. 전쟁의 포화 속에서도 온전한 모습으로 제자리를 지켜주어 고맙다. 앞으로 또 많은 시간이 흘러도 고요하고 청순한 화엄사만의 아름다움을 간직해주길 바라는 마음이다.

각황전 뒷산을 조금 걸어 오르면 화엄사가 숨겨놓은 보물인 4사자 삼층석탑을 만날 수 있다. 사자들이 에워싼 가운데 합장한 채 서있는 스님상이 있는데, 이는 화엄사를 창건한 연기조사의 어머니라고 전해지며, 이 탑에서 연기조사의 지극한 효성을 엿볼 수 있다.

　화엄사에 온 김에 발품을 조금 더 팔아 구층암에 올라보는 것도 좋다. 대웅전 뒤편으로 난 작은 숲길을 오르면 구층암에 다다른다. 나무 향기에 취해, 새소리에 홀리듯 걸으면 금방이다. 이름을 봐서는 구층석탑이 있을 법하지만, 지금은 앞마당에 삼층석탑만이 외로이 서있다. 봉정사가 영산암이라는 보석을 숨겨두었듯, 구층암 또한 화엄사의 비보(秘寶)라 할 만하다.

　흙으로 빚은 부처 천 분을 모시고 있는 천불 보전도 볼만 하지만 구층암과 마주 보고 있는 선방의 기둥이 예사롭지 않다. 배흘림기둥과 같은 조형미를 논한 바는 아니다. 투박하고 못났다. 사람이 손을 대지 않은 채 원래 모과나무 그대로를 기둥으로 삼았다. 살아서는 향기로운 열매를 맺었을 모과나무는 이 자리에 서서 영원을 기약한다. 구층탑은 세월에 허물어졌을지 몰라도 지리산의 넓은 품을 층층이 쌓아 올린 불심은 이처럼 굳고 단단하리라.

화엄사의 산내 암자인 구층암은 남아있는 유물로 보아 통일신라 시대 말기에 창건된 것으로 추정하고 있다. 아미타여래불을 모시고 있는 천불보전 앞에는 단아한 석등과 배례석이 있으며, 천불보전에 오르는 계단 양쪽에는 모과나무 두 그루가 있어 요사채의 기둥으로 쓰인 죽은 모과나무와 함께 공존하고 있다.

선방에는 다향사류(茶香四流)라는 현판이 걸려있다. 선방 가득 향기로운 기운이 스며있는 듯하다. 과거 스님들이 용맹정진(勇猛精進)하던 선방이 그윽한 차 향기로 충만한 다실(茶室)이 되었다. 구층암은 주변에 야생차밭이 있는 덕분에 예로부터 스님들이 차를 덖어 마셨다고 한다. 운수 좋은 날이라면 주지 스님을 뵙고 차 한 잔 얻어 마시는 호사를 누릴 수도 있겠다.

사람이 손을 대지 않은 채로 원래 모과나무 그대로를 기둥으로 삼았다. 살아서는 향기로운 열매를 맺었을 모과나무는 이 자리에 서서 영원을 기약한다. 구층탑은 세월에 허물어졌을지 몰라도 지리산의 넓은 품을 층층이 쌓아 올린 불심은 이처럼 굳고 단단하리라.

장삼을 단정하게 차려입은 스님이 계단을 오르고 있다. 계단에는 동백나무에서 떨어진 붉디붉은 동백꽃이 널브러져 있다. 떨어진 꽃잎마저 밟지 않으려는 스님의 발걸음이 무척이나 조심스럽다.

화엄사 201

아니라면 또 어떤가. 주인인 양 여유롭게 거닐어보아도 좋을 터. 모과나무 기둥에 기대보기도 하고, 부서지고 허물어진 돌탑을 어루만져보기도 하자. 잠시 번잡한 마음을 내려놓고 자연의 소리에 귀 기울여보자. 산사의 숲을 거닐며 탐욕과 번뇌를 비워내면 내면의 상처들이 맑은 생각과 향기로운 마음으로 말끔히 치유될 것만 같다.

무릇 어떤 곳에 어울리는 때가 따로 있기는 하다. 장성 백양사는 아기단풍이 곱게 물드는 10월 무렵이 좋을 것이고, 영랑 생가나 백련사는 동백꽃이 두둑 떨어지는 4월이, 안면도의 꽃지 해변은 붉은 낙조가 타오르는 한여름이 좋을 거다. 특히나 누군가에게 내세울 만한 사진 한 장 남기고 싶은 사람들에겐 그 '때'를 잘 맞춰가는 것이 중요한 일이다. 화엄사 역시 홍매화가 아름다움을 한껏 뽐내는 계절이 있기는 하다.

하지만 여행에 따로 때가 있지는 않은 것 같다. 떠나고 싶을 때, 떠나지 않으면 견딜 수 없을 것 같은 순간이 바로 그때다. 여행 전문가들이 죽기 전에 꼭 봐야 한다며 추천하는 명소가 아니라도 괜찮다. 그곳이 어디든 지친 마음이 쉴 수 있고, 가라앉은 내가 다시 떠오를 수 있는, 잠깐의 위안(慰安)과 감동(感動)이 있는 곳은 멀리에 있는 것이 아니니까.

은해사

은해사

팔공산 자락에서 은빛 바다를 구경하다

은해사는 조선 31본산, 경북 5대 본산, 현재는 대한
불교 조계종 제10교구 본사의 자리를 지키는 경북 지방의 대표적 사찰이다.
교구 본사 가운데 본존불로 아미타불(阿彌陀佛)을 모시는 미타도량으로도 유
명하다. 신라 41대 헌덕왕 1년(809년) 혜철국사가 해안평에 창건한 해안사에서
은해사의 역사가 시작된다.

헌덕왕은 조카인 애장왕을 폐위시키고 즉위했다. 당시 정쟁(政爭)의 피바람
속에서 숨진 원혼(冤魂)을 달래며 왕의 참회(懺悔)를 돕고, 나아가 나라와 백성
의 안녕을 위해서 창건한 사찰이 은해사의 시초가 되는 해안사다. 운부암에
가는 길 부근인 해안평이 해안사 절터라고 한다.

웅장한 모습이 마치 은빛 바다가 춤추는 극락정토 같다 하여 붙여진 이름
이 은해사다. 또 은해사 주변에 안개가 끼고 구름이 피어날 때면 그 광경이
은빛 바다가 물결치는 듯하다고 해서 은해사라고도 한다. 신라의 진표율사는
"한 길 은색 세계가 마치 바다처럼 겹겹이 펼쳐져 있다(一道銀色世界 如海重重)."
라고 표현하기도 했다.

해방 전까지만 하더라도 은해사에는 건물이 35동 245칸에 이르러 대사찰

의 위용을 자랑했지만, 지금은 19개 건물만이 자리를 지키고 있다. 말사 39개소, 포교당 5개소, 부속 암자 8개소를 거느리고 있고, 한국 불교의 강백들을 양성, 교육하는 은해사 승가대학원이 있는 사찰이기도 하다.

조선 시대 대부분의 산지 가람처럼 하나의 금당과 석탑 형태로 배치되어있다. 대웅전 앞에 있던 오층석탑은 부도전으로 옮겼다. 대웅전 맞은편의 보화루 좌우로 심검당과 설선당이 있고, 가운데 장방형의 큰 마당을 놓았다. 앞마당 중간에 계단으로 축대(築臺)를 만들어 공간을 정방형(正方形)으로 구현함으로써 대웅전이 더 웅장하게 느껴진다.

부처님의 미소처럼 편안함을 주는 곳. 이것이 은해사의 느낌이다. 풍경 소리가 마음을 울리는 고즈넉한 산사의 모습 그대로다. 일주문을 들어서면 속

조선 시대 대부분의 산지 가람처럼 하나의 금당과 석탑 형태로 배치되어있다. 대웅전 맞은편의 보화루 좌우로 심검당과 설선당이 있고, 가운데 장방형의 큰 마당을 놓았다. 앞마당 중간에 계단으로 축대를 만들어 공간을 정방형으로 구현함으로써 대웅전이 더 웅장하게 느껴진다.

세의 소리와 완전히 단절될 수 있는 온전한 형태의 독립적인 공간이 우리를 마중 나온다. 속세의 번잡함을 잠시나마 잊고 마음의 평안을 얻을 수 있다는 것만으로도 은해사를 찾아온 보람이 있다 할 것이다.

은해사 일주문을 지나면서 시작되는 소나무 숲에서 뿜어져나오는 기운이 사람의 기분까지 덩달아 좋게 만들어준다. 하늘을 향해 곧게 뻗어나진 못했으되, 구부러지고 못생긴 나뭇가지가 보통 사람들의 모습을 떠올리게 해서 좋은 것 같다. 소나무 숲의 상쾌한 공기를 맡으며 걷는 기분이 무척이나 상쾌하다.

보화루 현판은 추사 김정희의 글씨이다. 추사가 쓴 이 현판을 바라보면 아주 힘 있고 다부지게 쓴 글씨다. 그러면서도 유연함이 숨바꼭질처럼 숨어있는 글씨다. 은해사는 보화루 외에도 대웅전(大雄殿), 불광(佛光) 등 추사의 글씨가 남아있다. 보화(寶華)는 화엄경에 나오는 불보살의 세계를 뜻한다.

은해사 대웅전에는 후불탱화가 모셔져있다. 탱화란 천이나 종이에 그림을 그려 액자나 족자 형태로 만드는 불화를 말하는데, 후불탱화는 세마포(細麻布)에 종이를 여러 겹으로 배접한 바탕 위에 중앙의 아미타불을 중심으로 좌우 협시보살만을 배치한 아미타삼존도이다.

이정표에 쓰여있는 사람 다니는 길, 차 다니는 길이란 표현이 참 마음에 든다. 사람 다니는 길이 금포정(禁捕町) 길인데 금포정은 은해사 일주문에서 보화루에 이르는 길이 2km의 소나무 숲이다. 일체의 살생(殺生)을 금했다고 하여 '금포정'이라는 이름이 붙었다고 한다. 조선 숙종 때인 1714년에 이곳 일대의 땅을 매입하여 소나무 숲을 조성했다고 하니 역사가 어언 삼백 년이 넘었다.

단풍나무 잎이 마침 서쪽으로 뉘엿뉘엿 지는 햇빛을 받아 녹음이 더욱 빛을 발하고 있다. 싱그럽고 상쾌한 공기는 자연이 인간에게 주는 넉넉한 선물이다. 작은 연못을 둘러싸고 있는 숲. 마치 번잡한 속세와 도량 사이의 경계처럼 서있다. 물에 드리워진 그림자와 함께 어우러져 멋진 풍광을 자랑한다.

은해사에 들어서면 소나무 숲에서 뿜어져나오는 기운이 사람의 기분까지 덩달아 좋게 만들어준다. 은해사 일주문에서 보화루에 이르는 길이 2km의 소나무 숲을 '금포정 숲'이라 부른다. 하늘을 향해 곧게 뻗진 못했으되, 구부러지고 못난 나뭇가지가 보통 사람들의 모습을 떠오르게 해 좋다.

금포정을 따라 조금 더 걷다 보면 사랑나무를 만날 수 있다. 수종이 다른 두 나무가 접촉하여 오랜 세월이 지나 합쳐진 나무를 연리목(連理木)이라 하고, 합쳐진 가지를 연리지(連理枝)라고 한다. 이 연리지는 100년생 느티나무와 참나무가 서로 안고 있는 형상을 한 매우 희귀한 형태라서 많은 사람이 이 앞에서 한참을 머물곤 한다.

사람들이 소박하지만, 간절한 소망을 연등에 달아놓았다. 건강, 재산, 결혼, 취직 등 다양한 바람들이 여기에 걸려있을 것이다. 잠시 생각을 해본다. 지금 이 순간, 내게 가장 간절한 소망 하나는 무엇일까? 퍼뜩 떠오르는 것이 있어 잠시 부처님께 빌어본다. 연등을 달지 않았다고 부처님께서 소홀히 하진 않으시겠지.

바위에 자애로운 부처님의 모습이 새겨져있다. 언제든 들러 팔공산 자락에서 은빛 바다를 구경하는, 더할 나위 없는 즐거움을 누려보는 것도 좋겠다.

은해사가 좋은 이유가 몇 가지 있다. 입구에서 보화루까지 이르는 소나무 숲길의 아름다움이 그 하나요, 평지로 이루어져있어 누구나 힘들이지 않고 둘러볼 수 있다는 점이 또 하나요, 그리 크지도 않고 작지도 않은 적당한 규모라는 게 또 하나의 이유다. 조용히 구석구석을 둘러보면서 조용히 사색(思索)하기에도 좋은 절이다. 언제든 들러 팔공산 자락에서 은빛 바다를 구경하는, 더할 나위 없는 즐거움을 누려보는 것도 좋겠다.

은해사에 있는 추사의 흔적을 살펴보는 것도 의미 있는 여행이 될 수 있다. 영·정조시대에 주석하던 영파성규 대사와의 인연과 유배 생활 중에 불교에 깊이 귀의하게 된 추사는 은해사의 여러 현판을 써주었다고 하는데, 문 위의 편액인 은해사, 불당의 대웅전, 종각의 보화루, 불광각, 노전의 일로향각 등 다섯 점이 남아있다.

무르익을 대로 익어 모두가 허술한 듯한데 어디에서도 빈틈을 찾을 수가 없다.

둥글둥글 원만한 필획이건만 마치 철근을 구부려놓은 듯한 힘이 있고

뭉툭뭉툭 아무렇게나 붓을 대고 뗀 것 같은데 기수의 법칙에서 벗어난 곳이 없다.

얼핏 결구에 무관심한 듯하지만 필획의 태세 변화와 공간 배분이 그렇게 절묘할 수가 없다.

간송 미술관의 최완수 선생이 은해사에 남긴 추사 김정희의 글씨에 대해 평한 내용이다. 문외한이 보는 느낌은 이와는 다르겠지만, 최고의 경지에 이른 작품을 감상하는 호사가 더해지니 은해사를 찾아야 할 이유가 하나 더 생긴 셈이다.

낙산사

낙산사
화마의 상처를 딛고 푸름을 되찾다

그냥 봐서는 엄청난 화재를 겪었던 곳이라고 생각되지 않을 정도였다. 고등학교 때 수학여행으로 낙산사와 의상대를 찾았었지만 큼지막한 불상과 바닷가 암벽 위의 암자, 그리고 푸른 동해 정도만 기억에 남아있다. 낙산사는 2005년 4월 6일에 일어난 산불로 사찰의 모든 것을 잃었었지만, 고맙게도 다시 예전의 모습을 되찾아가고 있었다.

사상 최악이라던 고성, 양양 지역의 산불은 천년 고찰 낙산사의 모든 것을 한순간에 빼앗아갔다. 뉴스 화면 속 시뻘건 불덩이들의 모습이 아직도 눈에 선하다. 거센 바람을 타고 수십여 미터를 날아가는 불씨를 막아내기에 사람들의 힘은 미약하기 그지없었다.

원통보전을 비롯한 수많은 전각과 함께 보물 제479호 낙산사 동종도 그때 소실되었다. 쇳덩어리를 녹여 없앨 정도의 화마(火魔) 속에서도 낙산사 칠층석탑(보물 제499호)은 온전히 남아있다. 쇠보다 강한 것이 돌인가보다. 수많은 전란과 화재를 견디며 꿋꿋하게 제자리를 지키고 있는 석탑의 모습이 경이롭다. 낙산사 동종도 이듬해 복원되어 범종루에 모셔져있다.

낙산사는 신라 문무왕 11년(671)에 의상대사가 금강산, 설악산과 함께 3대

명산으로 불리는 오봉산에 터를 잡은 이후 1,300여 년의 세월을 함께하고 있다. 낙산사라는 이름은 관음보살이 설법을 펼치며 항상 머무는 곳을 이르는 보타낙가산에서 연유했다. 그런 연유로 보타전이 해수관음상 아래에 있기도 하다.

의상대는 의상스님이 당나라에서 돌아와 낙산사를 지을 때 산세를 살핀 자리이자 좌선(坐禪)하며 수행했던 곳이라고 한다. 홍련암 가는 길 바닷가 언덕 위에 있는데, 경관이 무척이나 아름답다. 예로부터 수많은 시인 묵객(墨客)들이 즐겨 찾았고, 지금도 낙산사를 오면 꼭 들러보는 명소가 되었다.

절에서 동해가 한눈에 보이는 데다 동양 최대의 해수관음상, 의상대, 홍련암, 홍예문 등 많은 문화재까지 있어 우리나라 사람들이 사랑하는 절집에서 빠지지 않는다. 관음성지(觀音聖地)이자 기도를 잘 들어주는 절이란 이야기가 불자들 사이에 퍼지면서 더욱 유명해졌다.

강원도 동해안을 휩쓸고 간 대형 산불 탓에 많은 당우가 불타 사라졌지만 십여 년의 세월 동안 풀과 나무가 되살아났고, 소실되었던 절집들도 다시금 제자리를 찾고 있다. 해수관음상 아래 바닷가 위태로운 절벽 위에는 낙산사 창건의 모태가 된 홍련암이 있는데, 다행히 동해안 산불 때도 피해를 보지 않았다.

낙산사에서 꼭 들러야 할 명소가 몇 군데 있다. 먼저 낙산사의 중심 법당인 원통보전으로 향한다. 석가모니불이나 비로자나불을 모시는 것이 보통의 절들에 비해 낙산사는 관세음보살을 주불로 모시고 있다. 낙산사가 관음성지라고 불리는 이유이기도 하다. 원통보전을 달리 관음전이라고도 부른다.

낙산사 원통보전에 모셔져있는 건칠관음보살상은 전체적으로 비례감이 좋고 표정이 빼어난 것으로 평가받고 있다. 고려 후기의 전통 양식을 바탕으로

2005년 4월 강원도 동해안을 휩쓸고 간 대형 산불 탓에 많은 당우가 불타 사라졌지만 십여 년의 세월 동안 풀과 나무가 되살아났고, 소실되었던 절집들도 다시금 제자리를 찾고 있다.

한 조선 초기의 작품인데, 머리에 쓰고 있는 보관은 그 원형을 유지하고 있다고 한다. 원통보전뿐만 아니라 그 주변이 모두 중요한 문화재로 둘러싸여있어 발걸음을 한참 동안 멈추게 한다.

원통보전 앞에 칠층석탑이 훤칠하게 서있다. 이 석탑은 고려 말에 전래된 라마탑의 영향을 받았다고 한다. 원통보전 주위에는 그 둘레를 방형으로 둘러싸고 있는 담장이 있는데 원장(垣墻)이라고 부른다. 세조가 절을 중건할 때 쌓았다고 하는데 높이는 3.7m, 길이는 220m에 이른다.

법당 앞에 훤칠하게 서있는 칠층석탑은 보물 제499호로 지정되어있다. 칠층이라고는 해도 기층의 높이가 높지 않아 전체 탑의 높이는 6.2m에 불과하다. 조선 전기 석탑인데, 낙산사가 조선 세조 때 중창될 때 이 탑도 3층에서 7층으로 늘렸다고 한다. 탑의 노반 위에 놓는 엎은 주발 모양의 복발(覆鉢)과 불탑의 꼭대기에 있는 9층의 둥근 원반형 장식인 보륜(寶輪) 등의 모양을 볼 때 고려 말에 전래된 라마탑의 영향을 받았다고 하니 흥미롭게 살펴보며 탑

돌이를 해보는 것도 좋겠다.

원통보전 주위에는 그 둘레를 방형으로 둘러싸고 있는 담장이 있는데, 원장(垣墻)이라고 부른다. 높이는 3.7m, 길이는 220m에 이른다. 세조가 절을 중건할 때 처음 쌓았다고 전한다. 담장 안쪽은 기와로, 바깥쪽은 막돌로 쌓았고, 담장 위에는 기와를 얹어 지붕을 이었다. 둥근 화강석을 배치해 단조로운 담장에 포인트를 줬다. 부처님의 영역인 법당을 둘러싼 성스러운 공간임을 드러내면서 대구 도동서원의 담장처럼 그 자체로서 인상적인 조형물로 역할을 하고 있다.

의상대는 이름에서 알 수 있듯 의상대사와 깊은 연관이 있다. 스님이 당나라에서 돌아와 낙산사를 지을 때 산세를 살핀 자리이자 좌선(坐禪)하며 수행했던 곳이라고 한다. 홍련암 가는 길 바닷가 언덕 위에 있는데, 경관이 무척이나 아름답다. 예로부터 수많은 시인 묵객(墨客)들이 즐겨 찾았고, 지금도 낙산사를 오면 꼭 들러보는 명소가 되었다.

의상대에서 해돋이를 보는 것은 몇 대가 복을 지어야만 가능한 일이라고 한다. 한때는 텔레비전 방송의 시작과 끝을 알리는 애국가 속 배경으로 자주 등장하기도 했었다. 끝없이 펼쳐진 푸른 바다의 장쾌한 풍경이 시원스럽다. 한낮의 번잡함이 사라진 낙산사의 밤 풍경은 또 얼마나 단아하니 예쁠까? 풍성한 보름달이 동해를 비추는 고요한 순간, 마음속의 모든 번뇌 또한 짙은 심연(深淵)으로 가라앉을 것만 같다. 손에 작은 등 하나 들고 내 마음을 밝히는 부처님의 가르침을 따라 절 구석구석을 거닐고 싶다는 마음 간절해진다.

의상대를 지나면 바닷가 작은 암자 홍련암이 나타난다. 홍련암은 의상대사가 관음보살의 진신을 친견한 장소로 낙산사의 모태가 된다. 의상대사는 관

의상대를 지나면 위태롭게 바닷가 절벽 위에 작은 암자가 나타난다. 홍련암은 의상대사가 관음보살의 진신을 친견한 장소로 낙산사의 모태가 된다. 홍련암에서 바라보는 푸른 동해의 풍경이 절경이다.

음보살을 친견하기 위해 경주에서 멀리 이곳 양양까지 왔다. 스님이 파랑새 한 마리를 만나게 되는데 파랑새가 석굴 속으로 들어가자 이를 이상히 여겨 굴 앞에서 밤낮으로 이레 동안 기도를 올렸다. 마침내 바다 위에 붉은 연꽃이 솟아나더니 그 위로 관음보살이 나타나매 암자를 세우고 홍련암이라 했고, 파랑새가 사라진 굴을 관음굴이라 불렀다.

홍예문도 빼놓지 말아야 할 명소다. 세조 임금이 낙산사에 행차해 세웠다고 하는 홍예문은 강원도의 고을을 상징하는 26개의 화강석을 무지개 모양으로 쌓아올렸다. 양양군 강현면 정암리 길가에 있던 돌을 가져왔다고 전한다.

기단부는 거칠게 다듬은 2단의 큼직한 자연석을 놓고, 그 위에 화강석으로 방형의 선단석(扇單石) 3개를 앞뒤 두 줄로 쌓아 둥근 문을 만들었다는 설명인데, 바라만 봐도 신기하다. 모난 돌을 쌓아 둥그런 다리를 만든 선암사 승선교의 경이로움을 다시 맛본다.

문의 좌우에는 큰 강돌로 홍예문 위까지 성벽처럼 쌓아 올린 탓에 마치 사찰의 경계처럼 보인다. 홍예문 위의 문루(門樓)는 비교적 최근에 세워진 것이지만 홍예문과 썩 잘 어울려 원래부터 하나였던 것처럼 느껴진다. 볼거리 많은 낙산사지만, 그중에서도 홍예문은 낙산사를 그리워하는 이유다.

뉘엿뉘엿 넘어가는 햇살을 받으며 산에서 내려간다. 전국적으로 이름이 알려진 절인 데다 동해를 바라볼 수 있는 빼어난 풍광을 자랑하기에 사시사철 발길이 끊이지 않는 낙산사. 모든 것을 태워버린 잿더미 속에서 새싹을 틔우는 자연도 위대하다지만, 소실(燒失)과 중건(重建)을 거듭하는 인간들의 의지도 그에 못지않다는 생각이 든다.

저 멀리 해수관음보살은 변함없이 자애로운 미소로 중생들을 내려다본다. 한 폭의 그림 같은 낙산사의 풍경 속 화룡점정(畵龍點睛)이라 할 만하다. 수많은 바람을 담은 연등이 바람에 흔들리고 있다. 거대한 우주의 시간 속 티끌 같은 존재로 찰나(刹那)를 살면서도 만년의 근심으로 사는 우리는 얼마나 어리석고 비루(鄙陋)한가.

동양 최대의 해수관음상이 변함없이 자애로운 미소를 띠고 서 있다. 한 폭의 그림 같은 낙산사의 풍경 속 화룡점정이라 할 만하다. 낙산사라는 이름은 관음보살이 설법을 펼치며 항상 머무는 곳을 이르는 보타낙가산에서 연유했다

내소사

내소사
깊어가는 가을, 아름다운 전나무 숲길을 걷다

내소사는 백제 무왕 때인 633년에 창건되었다고 전한다. 두타스님이 이곳에 절을 세워 큰 절을 대소래사, 작은 절을 소소래사라고 하였는데, 큰 절은 불타 없어지고 작은 절만이 남아 지금의 내소사가 됐다.

내소사에는 수령이 약 5백여 년 된 느티나무인 할아버지 당산과 높이가 약 20m요 둘레가 7.5m고, 수령은 약 천여 년쯤 되는 할머니 당산 느티나무가 있다. 봉래루 앞마당에는 하늘을 찌를 듯한 거목 보리수가 자리하고 있다.

절에 이르는 울창한 전나무 숲길은 전나무 향기 가득한 매력적인 산책로다. 전나무 숲길을 지나면 일주문 앞까지 거대한 단풍나무 터널을 이루고 있어 가을이면 단풍 나들이의 진수를 맛볼 수 있는 곳이기도 하다.

내소사를 찾았던 것은 온전히 그 유명한 전나무 숲길을 걸어보고 싶어서였다. 부안 내소사 전나무 숲길은 일주문과 천왕문 사이를 잇는 500m 길이의 숲길인데, 150여 년 전에 조성된 것으로 알려져있다. 우리나라 3대 전나무 숲길로도 유명한데, 나머지 두 곳은 강원도 오대산 월정사 전나무 숲길과 경기도 남양주에 있는 광릉수목원의 전나무 숲길이다.

월정사 전나무 숲길을 다녀왔을 때도 그 풍성하고 울창한 숲길의 아름다움에 흠뻑 빠졌었는데, 이번 내소사 전나무 숲길은 그보다도 훨씬 더 좋았다. 월정사 숲길이 작위적(作爲的)인 신작로 같았다면 내소사 숲길은 말 그대로 숲길의 느낌 그대로여서 걷는 내내 참 행복했다.

내소사 대웅보전은 인조 11년(1633)에 세운 건물로 보물 제291호로 지정되어있다. 문살에 조각된 섬세한 꽃무늬 문살이 무척 유명하다. 연꽃, 국화 등 꽃문양이 들어간 문살은 소박한 아름다움을 품고 있어 많은 사랑을 받고 있다.

하늘을 향해 기세 좋게 곧게 뻗어있는 전나무 숲에서 뿜어져나오는 상쾌한 공기는 돈을 주고도 살 수 없는 귀한 것이다. 주변은 온통 붉고 노란빛으로 옷을 갈아입고 있는데, 전나무 숲은 여전히 푸른빛을 잃지 않고 있었다. 그리 길지 않은 길이에다 평탄한 길로 이어져있어 남녀노소 누구나 부담 없이 걸을 수 없는 이 길은 내소사를 찾는 이에게 자연이 주는 최고의 선물이다.

이 전나무 숲길을 걷는 것만으로도 충분히 만족스러운 내소사 여행이었다. 한창 단풍철이라서 그런지 수많은 인파가 내소사를 찾고 있었다. 번잡한 걸 싫어하다 보니 얼른 한번 사찰 경내를 둘러보고 나오려는 심산으로 천왕문을 넘어섰다. 그런데 그냥 전나무 숲길만 걷고 내려갔으면 정말 후회할 뻔했다.

숲길 못지않게 단아하고 소박한 아름다움이 있는 내소사를 만났다. 규모도 그리 크지 않은 데다 건물들도 화려하지 않다. 하지만 주변에 솟아있는 여

부안 내소사 전나무 숲길은 일주문과 천왕문 사이를 잇는 500m 길이의 숲길인데, 150여 년 전에 조성된 것으로 알려져있다. 우리나라 3대 전나무 숲길로도 유명하다. 하늘을 향해 기세 좋게, 곧게 뻗어있는 전나무 숲에서 뿜어져나오는 상쾌한 공기는 내소사를 찾는 이에게 자연이 주는 최고의 선물이다.

절 마당 한가운데에는 할머니 당산나무가 주인인 듯 자리를 잡고 있다. 마을에서 당산제를 지날 때면 이 나무에서 먼저 제를 올리고 일주문 앞의 할아버지 당산나무까지 마을 주민들과 스님들의 행렬이 이어지는 진풍경을 선사한다고 한다.

러 봉우리의 품에 들어앉아있는 모습이 자연과 조화를 이루며 티 나지 않는 아름다움을 은은히 드러내고 있었다. 단청도 빛이 바래 그 자체로 고풍 찬연한 멋을 뽐냈다.

　내소사 대웅보전과 얽힌 재미있는 얘기가 있다. 조선 시대 인조 임금 때 대웅보전을 건축하면서 사미승(沙彌僧)의 장난으로 나무토막 하나가 부정 탔다며 하나를 빼놓은 채 지었다는 얘기다. 그 얘기를 듣고 이곳저곳을 두리번거려봤지만, 역시 문외한의 눈에 보일 리가 만무했다.

　또 하나 대웅보전 정면 여덟 짝의 문살에는 연꽃, 국화, 해바라기 등의 꽃 무늬가 새겨져있는데, 전문가들은 나무를 깎아 만들 수 있는 최고의 아름다움을 보여준다고 평하고 있다. 그 어떤 채색도 하지 않은 소박한 문살이지만,

인간의 손으로 어떻게 이렇게 만들 수 있을지 그저 놀라울 따름이다.

　대웅보전과 정면으로 마주 보고 서있는 봉래루에서는 위엄이 느껴진다. 지금은 누각 아래로 사람들이 출입할 수 있는 구조로 되어있는데, 1987년에 해체 복원하는 과정에서 당초보다 60cm 정도 높이를 들어 올렸다고 한다. 모양이 제각각인 바닥 돌 위에 오랜 세월에 빛이 바랜 누각을 바라보고 있으니 오래된 친구를 모처럼 만난 것처럼 반갑기만 하다.

벚꽃이 활짝 피어난 내소사의 봄 풍경은 소나무의 푸른 빛과 어우러져 한층 다채롭다. 구부러진 소나무는 내소사를 지키는 사천왕처럼 당당하다. 대웅보전은 쇠못 하나 쓰지 않고 모두 나무를 깎아 끼워 맞추었다고 하니 그 정교함과 정성에 감탄하지 않을 수 없다.

절 마당 한가운데에는 할머니 당산나무가 주인인 듯 자리를 잡고 있다. 마을에서 당산제를 지낼 때면 이 나무에서 먼저 제를 올리고 일주문 앞의 할아버지 당산나무까지 마을 주민들과 스님들의 행렬이 이어지는 진풍경을 선사한다고 하니 때를 맞춰 찾아오는 것도 내소사의 숨겨진 매력을 맛볼 수 있는 좋은 여행법일 것 같다.

대웅보전 정면 여덟 짝의 문살에는 연꽃, 국화, 해바라기 등의 꽃무늬가 새겨져있는데 전문가들은 나무를 깎아 만들 수 있는 최고의 아름다움을 보여준다고 평하고 있다. 채색을 하지 않아 소박하면서도 단아한 멋이 풍긴다.

평지에 지어져 걷기에도 참 좋은 절이다. 낮은 기단을 쌓아 전각들을 적재적소에 배치함으로써 어디에서도 막힘이 없이 전망이 시원스럽다. 능가산 중턱에 있는 관음전에 오르면 내소사는 물론 멀리 곰소항의 전경까지 한눈에 들어온다고 하니 잠깐의 수고스러움을 감수해볼 만하다.

사람들에 치이면서도 그저 내소사 구석구석의 아름다움에 빠져 한참을 머물렀다. 다음 행선지가 있음을 깜빡할 정도였다. 이내 정신을 차리고 길을 다시 내려왔다. 오르는 길에는 미처 보지 못했던 작은 연못이 보였다. 이 연못에서 드라마『대장금』이 촬영되었다고 한다.

전나무 숲길은 여전히 많은 사람으로 붐비고 있었다. 단풍이 절정으로 치닫고 있는 계절에 이토록 푸르고 짙은 녹음을 만날 수 있다는 것도 독특한 경험이다. 근처에 내소사 같은 절이 있어 마치 동네 숲길을 걷듯 언제든 걸을 수 있다면 참 좋겠다는 생각을 잠시 했다. 멀리 내소사를 품어 안고 있는 능가산의 산줄기가 유달리 포근하게 느껴졌다.

개심사

개심사
마음 씻고 마음 여는 절

개심사(開心寺). 마음을 여는 절이라고 하면 될까? 참 멋진 이름을 가진 절이다. 직접 가보면 이름만 좋은 게 아니라 그 이름에 어울리는 아름다움과 멋스러움을 지닌 절이란 걸 알게 된다. 모처럼 산사(山寺)라는 이름에 어울리는 아담하고 조용한 절을 만나게 되어 무척 반가웠다.

사십 여년을 살아왔던 경상도 땅의 산과 들에서 느껴지는 감흥과 전라도나 충청도의 그것은 분명 다르다. 확연히 다른 느낌을 누구라도 초행길에서 생생히 맛볼 수 있다. 경상도 내륙 지형에서 기개(氣槪)가 느껴지는 대신 뭔가 고집스럽고 우악스러운 느낌도 있는 반면, 충청도 서산 땅에서는 어린 시절 어머니 품에 안겨있는 것 같은 편안함과 따뜻함이 느껴져 좋다.

자주 가지는 못하지만 갈 때마다 그 따뜻한 느낌에 마음을 온통 빼앗기곤 한다. 좀 더 머무르고 싶은 생각이 간절하지만 늘 각박한 생활이 간절한 소망을 허락하지 않는다. 그래서 돌아오는 길이 그리움으로 남는 것이 아닐까 싶다. 그 애틋한 그리움을 제대로 풀어보려면 나이 들어서는 자연을 벗하며 사는 것이 최고의 선택일 것이다.

어느덧 머리는 희끗희끗해지고 뱃살이 중후해진 중년의 아저씨가 되었다.

아름다운 풍경을 찾아다닐 때마다 왜 좀 더 젊은 시절에 떠나지 못했을까 하는 아쉬움이 절로 일어난다. 하지만 소용없는 만시지탄(晩時之歎)일 뿐. 두려움을 떨치고 무작정 떠나지 못했던 과거를 후회하기보다는 더 늦지 않게 볼 수 있게 되었음을 오히려 고마워하는 것이 현명한 태도일 것이다.

큰 기대 없이 개심사를 찾았던 몇 해 전 어느 봄날의 감동을 잊지 못할 것 같다. 비록 규모가 크진 않지만 자연 그대로의, 절다운 절이 바로 개심사가 아닐까? 충남 서산시 운산면 상왕산 자락에 자리 잡은 개심사는 예산에 있는 수덕사의 말사인데, 기록에 의하면 백제 의자왕 11년에 지어진 것으로 전해진다.

서화가 혜강 김규진 선생이 쓴 현판의 글씨가 무척이나 시원스럽고 기품이 느껴진다. 살짝 열려있는 안양루 문을 통해 바라보는 대웅전 풍경은 언제나 푸근한 감동을 안겨준다.

개심사 237

영주 부석사나 안동 봉정사처럼 누각 아래를 통과해 들어가는 것이 아니라 누각을 끼고 돌아서 절의 영역에 들어서는 백제계 사찰의 특징을 볼 수 있다. 비록 절의 규모는 작지만, 충남 4대 사찰이란 명성에 걸맞게 평일이었는데도 주차장은 차량과 사람들로 북적였다.

입구의 상가를 지나 조금만 걸어가면 상왕산 개심사라는 현판이 붙어있는 일주문을 만나게 된다. 그보다 앞서 세심동(洗心洞)이라 새겨져있는 돌에 눈길이 먼저 간다. 마음을 씻는다는 것이 어떤 것일까 한참을 생각해보게 된다. 마음을 씻는 마을에 자리 잡은 마음을 여는 절이라니. 차원 높은 철학적인 성찰이 필요한 곳임은 분명해보인다.

보통의 절처럼 평탄한 길을 조금만 걸어가다 보면 익숙한 당우들이 나오겠거니 생각했는데 그게 아니다. 가지런히 다듬어진 계단을 한참이나 올라 한숨 돌리고 나서야 마침내 그 모습을 드러낸다. 상왕산의 너른 품 안에 자리 잡은 산사임을 실감하게 된다. 걸음을 뗄 때마다 닫혀있던 마음속 묵은 먼지를 털어내본다.

절에 들어서자마자 직사각형 형태의 작은 연못을 만나게 된다. 네모난 정방형의 연못은 백제계 연못의 정형인데, 개심사가 들어서있는 자리인 상왕산이 코끼리 형상이라서 부처님을 상징하는 코끼리의 갈증을 풀어주기 위해 만들어둔 것이라 이야기가 전한다. 이 연못의 이름은 경지(鏡池)로, 연못에 자신의 마음을 비쳐보고 더럽혀진 마음을 닦으라는 의미다.

물 위에는 바람에 흩날리던 무수한 꽃잎들이 켜켜이 쌓여있다. 사람들이 마음을 비치고 마음을 닦은 흔적이 꽃잎으로 남은 것은 아닐까? 가로로 걸친 좁은 외나무다리를 건너면 바로 개심사의 영역으로 들어선다. 범종각과 안양루, 해탈문 등을 차례로 만나게 된다. 살짝 열려있는 안양루 문을 통해 대웅전을 바라보던 순간의 느낌이 오랫동안이나 기억에 남는다.

개심사의 왕벚나무들은 가장 늦은 시기에 꽃을 피운다고 한다. 경내 구석구석에 화려하게 피어난 왕벚꽃은 절집 풍경을 더욱 다채롭게 해준다. 너무 빨리 져버린 봄꽃이 아쉽다면 개심사에서 조금 늦은 꽃놀이를 즐겨보는 것도 좋다.

 나무 덩굴이 자연스레 자라는 해탈문(解脫門)이 인상적이다. 곧은 나무가 아니라 휘어지면 휘어진 대로, 생긴 그대로 사용한 자연스러움이 좋다. 군데군데 칠도 벗겨져 낡고 늙은 세월의 흔적이 고스란히 느껴진다. 해탈문 옆에 왕벚나무의 벚꽃들이 만개했다. 이 개심사의 왕벚나무들은 전국에서 가장 늦은 시기에 개화(開花)한다고 한다. 5월이면 보통 봄꽃이 다 지고 없을 시기인데 기대하지 않았던 곳에서 막바지 꽃놀이를 만끽할 수 있어 눈이 아주 호강을 한 셈이다.

해탈문을 통해 바라본 대웅전의 모습. 다포 양식의 대웅전은 조선 성종 때인 1484년에 고쳐 지었다고 한다. 현재도 그 당시의 형태를 온전히 유지하고 있어, 조선 전기 대표적인 주심포 양식인 강진 무위사 극락전과 대비되는 건축물로 평가받고 있다.

경내에 들어서면 대웅전이 단아(端雅)한 모습으로 중심을 지키고 있다. 여느 사찰보다는 조금 소박한 규모이긴 하지만 위엄이 느껴진다. 경내에도 형형색색의 꽃들이 피어 절집의 풍경을 더욱 다채(多彩)롭게 해주고 있다. 심검당과 명부전 앞쪽에 가면 가장 화려한 꽃 잔치를 즐길 수 있다. 흔히 보아오던 벚꽃과는 느낌이 확연히 다르다. 화려함은 덜 할지 몰라도 은은하면서도 기품이 느껴진다.

고요하고 엄숙해야 할 수도(修道)의 공간이 이토록 화려함을 어떻게 해석해야 할까? 꽃놀이하러 절에 가는 사람들을 구도자(求道者)들은 어떻게 바라볼까? 궁금한 것들이 한둘이 아니다. 하긴, 이곳은 마음을 여는 절이니 편견(偏見)과 아집(我執)에 사로잡혀 꽁꽁 닫힌 마음을 열어보는 것도 의미 있는 일이겠다.

이 절의 요사채로 쓰이는 심검당은 개심사를 찾는 이들이 가장 아끼는 곳이기도 하다. 해탈문을 지나자마자 대웅전의 왼쪽 공간에 자리 잡고 있는데, 휘어지고 뒤틀린 나무를 인위적으로 가공하지 아니하고 건물의 기둥과 부재로 사용함으로써 조선 건축의 특성인 자연미를 한껏 드러내고 있다. 물론, 혹자는 이를 '대충주의 미학'이라고 폄하하기도 한다지만, 못나고 모자란 사람도 함부로 대하지 않고 이처럼 중히 쓰일 수 있다는 무언의 가르침으로 무겁게 다가온다.

심검당은 해탈문을 지나자마자 대웅전의 왼쪽 공간에 자리 잡고 있다. 휘어지고 뒤틀린 나무를 인위적으로 가공하지 아니하고 건물의 기둥과 부재로 사용함으로써 자연미를 한껏 드러내고 있다

심검당 앞을 한참 서있다 내려왔다. 지혜의 칼을 찾는다는 뜻의 심검(尋劍)
은 자비로운 절집 이름으로는 어울리지 않아 보이지만, 자신을 향해 더욱 엄
정한 칼날을 겨누어야 하는 수도자의 마음가짐으로 이해해보려 한다. 비단
스님들에게만 해당하는 말만은 아닐 것이다. 과연 나는 얼마나 날카로운 칼
날로 세상살이에 무뎌져가는 마음을 겨누고 있을까?

가지런히 다듬어진 계단을 한참이나 올라가 한숨 돌리고 나서야 절은 마침내 그 모습을 드러
낸다. 상왕산의 너른 품 안에 자리 잡은 산사라는 것을 실감하게 된다. 걸음을 뗄 때마다 닫혀
있던 마음속 묵은 먼지를 털어내본다.

감은사지

감은사지
나 또한 풍경이 되어 거닐어본다

경주는 신라 천 년의 고도다. 상투적이고 진부(陳腐)하지만 달리 표현하기도 쉽지 않다. 세계 역사를 통틀어서도 신라처럼 천 년 가까이 유지된 국가도 드물뿐더러 경주와 같이 한 번도 도읍을 옮기지 않고 수도로서 나라와 운명을 같이 한 경우는 거의 없다고 봐야 할 것이다. 그래서 신라를 빼고 경주를 얘기할 수도, 경주를 빼고 신라라는 나라를 논할 수도 없다.

경순왕이 고려 태조 왕건에 귀부(歸附)하며 신라 왕조가 막을 내린 이후 다시 천 년의 세월이 훌쩍 흘렀다. 화려했던 고대 왕국의 흔적은 이제 역사책에서나 온전히 살펴볼 수 있게 되었다지만 지금도 경주의 구석구석에서 세월의 파편으로 남아있는 천 년 전 사람들의 손길을 느껴볼 수 있다. 귀중한 역사적 가치를 지닌 문화재가 그저 여염집 빨래판으로 쓰일 정도니 후세 사람들의 무지를 욕하기보다는 지금도 풍성하게 남아있는 과거의 흔적들에 오히려 감사해야 할지도 모를 일이다.

몇 해 전 새로 뚫린 추령터널을 지나 동해바닷가 문무대왕릉에 이르는 도로를 따라가다 보면 나지막한 산 아래 우뚝 서 있는 두 개의 탑을 만나게 된다. 마치 쌍둥이처럼 닮아있는 두 탑이 바로 감은사지삼층석탑이다. 추령재를 넘어 감은사 가는 길은 우리나라에서 첫째, 둘째는 아닐지 몰라도 최소한 빼놓을 수 없는 아름다운 길이라 할 만하다. 단풍이 곱게 물드는 가을에 산과 호수와 내를 끼고 구불구불 펼쳐지는 이 길을 지나노라면 절로 탄성(歎聲)이 터져 나오곤 했다. 사람들의 수많은 추억이 길 위에 겹겹이 쌓였을 테지.

지금은 새로 생긴 터널을 이용해 빠르고 수월하게 다닐 수 있게 되었지만, 예의 그 절경을 오롯이 다 볼 수 없다는 아쉬움 또한 크다. 이곳을 지날 때면 어린 시절 버스를 타고, 혹은 외딴 시골 마을에 물건을 팔러 다니시던 외삼촌의 트럭에 올라타고 구절양장(九折羊腸)과도 같은 추령재를 넘던 모습이 떠오르곤 한다.

문무대왕은 죽어서도 동해의 용이 되어 신라를 지키겠다는 유언을 남기며 대왕암에 묻혔다. 어둠을 뚫고 대왕암 너머 문무대왕의 호국 의지를 닮은 동해의 태양이 붉게 떠올랐다.

아스라이 떠오르는 추억이 나를 이끌 때면 편한 터널 길 대신 추령재 옛길로 차를 달린다. 지금은 찾는 이가 없어 무척 쓸쓸한 길이다. 봄, 가을에 동해 바닷가를 찾는 이가 있다면 이 길을 달려보라고 일러주곤 한다.

추령재의 원래 이름은 가내고개였다. 이 고개를 경계로 서쪽으로는 황룡동에서 발원(發源)한 북천이 흐르고, 동쪽으로는 양북면 장항리에서 시작된 대종천이 흘러 동해에 이른다. 1994년에 경주에 큰 가뭄이 든 적이 있었는데, 이 고개에 터널을 뚫어 하늘이 노했다는 이야기가 시민들 사이에 회자(膾炙)되기도 했을 정도로 이 지역에서는 교통의 요충지(要衝地)이자 유서 깊은 고개였다.

석탑에는 천년의 세월 속 천 년의 상처가 아로새겨져있다. 여러 차례 복원했지만 여전히 깨어지고 으스러진, 그러나 꿋꿋이 영겁의 세월을 버텨온 상처투성이의 탑을 바라보는 것만으로도 위안이 된다.

추령재 너머 푸른 물결 넘실대는 동해를 지척에 둔 경주시 양북면 용당리에 천년 고찰 감은사가 있다. 지금은 석탑만 덩그러니 남아있으니 감은사지라는 표현이 정확하겠다. 삼국을 통일한 문무왕이 새 국가의 위엄(威嚴)을 세우고, 시시때때로 침범해오는 동해의 왜구를 부처의 힘으로 막아보고자 하는 염원(念願)을 담아 세운 절이다. 불행히도 문무왕은 생전에 사찰의 완성을 보지 못했고, 아들인 신문왕 2년에 이르러 마침내 감은사가 완공된다.

문무왕은 죽어서도 동해의 용이 되어 나라를 지키고자 했으니 그의 수중릉이 감은사지 근처 동해에 있다. 이처럼 지극한 부왕의 은혜(恩惠)에 감사하는 마음을 담아 절의 이름을 감은사라 했고, 동해 용왕이 감은사에 와 편히 쉴 수 있도록 물길을 만들었다고 한다. 지금도 감은사지에 가면 금당 자리 아래 석축 사이로 공간이 비어있는 것을 볼 수 있는데, 지척에 있는 문무대왕 수중릉과 함께 지금까지도 많은 이야깃거리를 남겨주고 있다.

누군가는 허무맹랑한 전설(傳說)쯤으로 치부할 수도 있겠다. 지금의 지형을 보면 동해로 연결되는 대종천과 감은사지는 한참이나 떨

감은사지 삼층석탑은 동탑과 서탑 두 개로 이루어져있는데, 두 탑의 모양은 쌍둥이처럼 닮았다. 1959년 석탑을 해체하여 보수할 때 서탑 3층에서 청동 사리 장치가 발견되었다. 감은사를 창건할 당시에 설치한 것으로 보이며, 보물 제366호로 지정되어 국립중앙박물관에서 전시하고 있다.

어져있다. 게다가 문무왕이 수중릉에 묻혔을 가능성 자체에도 의문을 품는 전문가들이 많다. 하지만 오래된 유물(遺物)을 볼 때는 상상력을 발휘(發揮)할 필요가 있다. 또한, 천여 년의 시간이 흐르는 동안 주변의 지형도 큰 변화가 있었다는 점을 감안(勘案)한다면 동해까지 이어지는 대종천의 물길을 실제로 이 절로 끌어들였을 가능성은 충분하다고 본다. 물론 그 좁은 물길로 동해의 용이 오갔을 리는 없겠지만.

 이런 이야기들 덕분에 경주 여행이 한껏 풍성해질 수 있다. 늘 떠오르는 동해의 태양이 새삼스럽게 느껴지는 것은 죽어서도 외적의 침입을 걱정했던 군

해 질 녘 감은사지의 풍경은 상상력을 일깨워준다. 때마침 이는 바람에 풍경 소리가 그윽하게 울리고, 해가 뉘엿뉘엿 넘어가는 탑 그림자가 동해까지 길게 늘어지는 한없이 여유롭고 고요한 그림을 그려본다.

주의 마음이 투영(投影)되기 때문이다. 자욱하게 피어나는 물안개와 자유롭게 비행하는 갈매기들의 날갯짓에도 의미를 부여(賦與)하게 된다. 해돋이의 장엄한 풍경 앞에 잠시나마 작은 것들에 대한 집착을 벗어던진다.

감은사는 쌍탑일금당(雙塔一金堂)이라는 통일신라 절집 배치의 모범을 보여주고 있다. 삼국시대 신라의 1탑 중심 형태에서 통일신라 시기 쌍탑 가람으로 가는 최초의 형태인 것이다. 금당 앞에 세워져있던 석탑은 2단의 기단 위에 3층의 탑신을 쌓아 올린 형태로, 동탑과 서탑은 서로 같은 형태와 양식을 보여주고 있다. 지금껏 천 년이 넘는 세월을 견뎌내고 있는 한 쌍의 삼층석탑이 신라 조형예술의 절정이라고 칭송받는 석가탑의 시원(始原)이라 하니 그저 허투루 보아 넘겨서는 안 될 것 같다.

감은사지는 그다지 유명한 사찰은 아니다. 모르고 지나치는 이가 많다. 어떤 이는 양북 바닷가의 문무대왕릉을 보러 가는 길에 덤으로 이곳을 찾기도 한다. 그러나 확실한 것은 불국사나 천마총처럼 이름난 명소에 못지않은 역사적 가치를 감은사지 삼층석탑이 지니고 있다는 점이다. 천 년의 세월 속에 천 년의 상처가 아로새겨져있는 것이 바로 감은사지 삼층석탑이다.

분명 오래되고, 낡고, 허물어져가는 곳인데도 이곳에 오면 언제나 마음이 따뜻해져서 돌아간다. 여러 차례 복원했다고는 하지만 여전히 군데군데 금이 가있고, 천여 년의 비바람 속에 으스러진 자국이 남아있는 두 개의 탑을 바라보는 것만으로도 위안이 된다. 뭐라 설명할 수 없는 힘을 얻을 수 있어서 좋은 곳이다.

감은사지는 결코 볼거리가 많은 곳이 아니다. 그리 넓지 않은 절터에 휑하니 두 개의 탑만이 서로를 바라보며 말없이 서있다. 맞은편에는 산과 들과 강이 어우러져 넓은 동해로 이어진다. 세찬 바닷바람과 맞닥뜨려야 하는 겨울에는 잠시도 서있기 어려울 정도로 춥다. 한여름 뙤약볕을 막아줄 것도 없는 이곳이 왜 이리도 끌리는 것일까?

이곳에 오면 늘 뒷짐을 지고 여유롭게 몇 번을 거닐어보곤 한다. 이 절의 금당(金堂) 터는 지금까지도 잘 보존되어있다. 죽어서도 동해의 용이 되어 신라를 지키겠다는 유언을 남긴 부왕 문무왕의 유지(遺志)를 받들어 이 절을 지은 신문왕이 용이 절에 출입할 수 있는 구조로 만들었다고 하는 설화를 떠올리며 상상의 나래를 펼쳐본다.

이 탑에만 서면 나는 늘 작아진다. 물론 탑의 높이가 무려 13.4m에 이르니 압도감을 느끼는 것이 당연한 일 일지도 모르겠다. 하지만 탑의 높이보다는 천 년을 넘게 한 자리에 서있었다는 것에서 더 큰 경외감(敬畏感)을 느낀다. 이 짧은 인생을 살아가는 것도 버겁게 느껴지는데 영겁의 세월을 묵묵히 살아왔다는, 엄청난 세월의 무게를 버티고 견뎌왔음에 고개 숙이게 된다.

이곳 풍경은 상상력을 일깨운다. 절 앞 대종천에 물이 넘실대고, 넓은 들판에 누렇게 익은 벼들이 황금물결을 이루고 있는 모습을 그려본다. 때마침 이는 바람에 풍경 소리가 그윽하게 울리고, 탑 그림자가 동해에까지 길게 늘어지는 한없이 여유롭고 고요한 그림 속에서 나 또한 풍경이 되어 거닐어본다.

운주사

운주사

보고 싶은 내 마음이 다녀간 줄 알아라

운주사 와불님을 뵙고

돌아오는 길에

그대 가슴의 처마 끝에

풍경을 달고 돌아왔다.

먼 데서 바람 불어와

풍경 소리 들리면

보고 싶은 내 마음이

찾아간 줄 알아라

- 정호승, 「풍경 달다」

굳이 의도한 것은 아니었지만 '천불천탑(千佛千塔)의 절' 운주사를 다시 찾은 것도 가을이었다. 어느 때라도 나쁘지 않겠지만 구름이 머무는 절, 운주사는 가을이 제격일 것 같다. 이 절은 말이나 글로 표현하기 힘든 묘한 매력을 지니고 있어서 돌아서는 발걸음이 아쉽고, 매번 다음을 기약하게 만든다. 와불(臥佛)의 품에서 따뜻한 위로를 받고, 애틋한 그리움은 풍경에 달아둔다.

운주사 일주문을 지나 조금만 걸어 들어오면 이처럼 수많은 부처님과 탑들을 마주하게 된다. 천불천탑의 절에 온 것을 실감하게 된다. 미적 감각은 턱없이 떨어질지라도 나와 비슷한 누군가의 마음이 느껴져 위로를 얻는다.

운주사를 처음 찾았던 것은 해가 뉘엿뉘엿 넘어가던 어느 가을날 오후였다. 하늘은 청명하기 그지없었고, 운주사 위에 머물러있는 하얀 구름이 절 이름과 참 잘 어울린다는 인상을 받았던 기억이 난다. 이렇게 마음에 쏙 드는 절을 이제서야 알게 되었을까 하는 아쉬움과 이제라도 알게 되었으니 다행이라는 안도감(安堵感)이 교차하기도 했었다.

절이 크고 웅장해서 그런 것은 결코 아니다. 주변 풍광이 수려(秀麗)해 사람의 마음을 쏙 빼놓을 정도라서 그랬던 것도 물론 아니다. 운주사는 지금까지 다녀본 사찰과는 전혀 다른 독특한 느낌을 주는 곳이었다. 미스테리한 암호(暗號)와 예언(豫言). 지나치게 친숙한 이웃의 얼굴. 너무나 상반된 이미지가 공

운주사 257

존하면서 새로운 화두(話頭)를 잉태하고 있다.

운주사가 알려지기 시작한 것은 그리 오래되지 않았다. 이 작은 절이 세상 사람들의 주목을 받게 된 것은 황석영의 소설『장길산』의 무대로 등장하면서 부터다. 소설 속 운주사는 천민들이 새로운 세상을 꿈꾸며 천불천탑을 세우려 했던 혁명의 성지(聖地)였다. 이후 시와 드라마의 소재로 소개되며 많은 이들의 사랑을 받는 명소가 되었지만, 절의 창건과 천불천탑의 유래는 여전히 베일에 싸여있다.

거대한 바위 위에 금슬 좋은 모습으로 누워있다. 도선스님의 명으로 불상을 만들고 있던 석공이 날이 새 급히 하늘로 올라가느라 미처 일으켜 세우지 못했다는 이야기가 전한다. 전남 화순군에서 세계문화유산 등재를 추진 중이라고 한다.

절 입구에서 표를 끊고 들어가 맨 처음 일주문을 만나게 되는 것은 여느 사찰과 별반 다르지 않다. 조금 더 걸어 들어가면 높다랗게 솟아있는 수많은 석탑이 나타난다. 석가탑이나 다보탑까지는 아니더라도 보통의 사찰 경내에서 흔히 볼 수 있는 정제된 조형미의 석탑 모양이 결코 아니다. 누군가가 건성건성 쌓아 올린 듯 보이기까지 할 정도다.

정제된 조형미와는 한참 거리가 먼, 투박함과 애달픈 민초의 삶이 투영된 불상들 앞에서 얼마나 많은 사람이 위로를 받고, 혹은 누군가를 위로하고 돌아갈 수 있을까.

석탑이 다가 아니다. 바로 곁에는 암각화로 그려지거나 바위에 조각된 수많은 석불이 세워져있는데 그 숫자가 얼마나 되는지 헤아리기도 힘들 정도로 많다. 석탑과 마찬가지로 이 석불들도 정제되지 않았다. 돌을 전문(專門)으로 다루던 석공(石工)이 아닌 일반인의 솜씨임이 분명하다. 세련되진 못하되, 그 표정들이나 생김새가 아주 정겹다.

천불천탑(千佛千塔)의 절이라는 말이 괜히 나온 것이 아닌가보다. 과거에는 정말로 천 개의 석탑과 천 개의 불상이 있었을지도 모른다는 생각이 든다. 화재로 소실되고 정유재란 때는 왜군의 침탈(侵奪)에 시달린 운주사는 이후 아예 폐사되고 말았다. 폐사지에 남겨진 부처와 탑들은 이런저런 사연으로 훼손(毁損)되고 소실되었을 것이다. 기록에 의하면 1942년까지 이 절에는 213개의 석불과 30개의 석탑이 있었는데, 지금은 석불 70개와 12개의 석탑만이 남아있다고 한다.

천불 신앙은 우리나라에서 오래전부터 있었다. 불가에서 천(千)은 무한히 많음을 뜻한다. 천불은 인간사의 번뇌로부터 중생을 구제해주는 부처이니 천불을 만드는 것은 이처럼 간절한 바람이나 소망을 이루고자 하는 뜻으로 해석할 수 있다. 해남 대흥사를 비롯해 여러 사찰에서 천불전을 모시고 있는 이유가 여기에 있다.

특이한 것은 한 불전 안에 천불을 모신 것이 아니라는 점이다. 운주사의 구석구석에 부처와 탑의 모양으로 자리해있다. 또한, 나무나 청동처럼 가공하기 쉬운 소재를 사용하여 작게 만든 것이 보통인데, 운주사처럼 돌을 가지고 거대한 탑과 불상을 조성한 경우는 흔치가 않다. 불상과 탑의 배치가 밤하늘의 별자리 배치가 일치한다는 천문학자(天文學者)의 주장도 있다고 하니 실로 놀라운 일이 아닐 수 없다.

운주사의 천불천탑은 누가 만들었을까? 황석영의 소설에서처럼 노비와 천민들이 그들만의 해방구를 몰래 만들었다는 이야기도 있고, 하늘에서 석공이 내려와 뚝딱 만들었다는 이야기도 전한다. 가장 유명한 전설은 풍수지리의 비조(鼻祖)로 알려진 신라 말의 도선국사가 운주사를 창건했다는 것이다.

절 뒤를 한참 걸어 나지막한 산 정상에 올라가면 운주사의 풍경이 한눈에 들어온다. 산 사이 골짜기를 따라 수많은 불상과 불탑이 자리를 잡고 있다. 아마도 지금쯤은 이 풍경이 많이도 달라져 있을지도 모르겠다.

풍수지리에 능했던 도선국사가 우리나라의 지형을 배로 파악해보니 산이 많은 동쪽의 영남 지역은 무겁고, 서쪽의 호남 지역은 가벼워 배가 기울어질 것이 염려됐다고 한다. 그냥 두면 우리나라의 기운이 일본 쪽으로 몽땅 흘러간다는 것이다. 스님이 이를 막기 위해 배의 중심에 천 개의 석탑과 불상을 하룻밤 사이에 만들었는데, 그 자리가 바로 운주계곡이라는 것이다. 도선국사는 8세기 인물로 운주사가 세워지기 한참 전이니 현실적이지 않은 전설일 뿐이지만 운주사 뒷산에 올라 상상의 나래를 펼쳐보는 것도 나쁘지 않겠다.

천불천탑 가운데서도 중심이 되는 것은 누워있는 부처님이다. 흔히 말하는 운주사 와불(臥佛)이다. 운주사에 왔다면 이 와불을 꼭 만나보고 가야 한다. 부부와불이라고도 불리는데 운주사의 천불천탑 가운데 가장 늦게 만들어진 부처님이라고 한다. 운주사의 칠성바위가 가리키는 정북 방향에 있는 북극성의 상징물이기도 하다.

그런데 운주사 와불은 엄밀히 얘기하자면 와불이 아니다. 원래 와불은 석가모니가 모로 누워 돌아가신 모습을 새긴 측와상(側臥像)을 얘기하는데, 운주사 와불 두 기 중 위의 것은 입상, 아래 것은 좌상이다. 원래는 자연 암반에다 불상을 조각하고 세우려 했는데 손상 없이 떼어내기 어려워 포기한 것으로 보인다는 것이 지금까지의 과학적 조사 결과다.

돌부처를 힘들여 새겨놓고도 정작 일으켜 세우지는 못했다. 안타까운 일이다. 마지막 부처만 세우면 세상이 바뀌는데 고단함을 이기지 못한 한 석공이 거짓으로 닭이 울었다고 외치는 바람에 모든 것이 수포로 돌아갔다는 이야기가 전한다. 자신의 고달픈 삶을 부처에 투영해 새로운 세상을 꿈꾸던 사람들은 희망을 잃었고, 부처도 꼿꼿이 서지 못하고 비탈에 처박힌 채 천 년을 누워있게 된 것이다.

와불은 길이가 무려 12m, 너비가 10m에 달하는 바위에 나란히 조각되어 있다. 이 와불이 일어서는 날 세상이 뒤바뀌고 천 년간 태평성대가 이어질 것이라는 흥미로운 전설이 전해져온다. 이것 또한 미륵 신앙과 연관이 되어있다고 하는데, 그 옛날 힘들었던 삶을 미래의 미륵불에 의지하며 지탱했던 민초들이 떠오른다. 한 줄기 희망의 끈을 부여잡고 현실의 고단함마저 견뎌내고자 했던 옛사람들의 간절한 바람으로 이해해보련다.

사람들의 발길이 끊긴 절집은 한없이 고요하다. 무수한 욕심과 번뇌에 사로잡힌 사람들의 마음까지도 이내 깊이 가라앉을 듯하다. 스님의 목탁 소리와 이따금 울려퍼지는 풍경 소리만이 산사의 적막을 일깨운다. "말씀은 가만가만, 걸음은 조용히"라는 푯말이 없더라도 누구나 절로 몸과 마음을 가지런히 하게 된다.

예전보다 좀 더 많은 사람의 발걸음과 말소리가 절의 고요함을 깨워주리라. 정제된 조형미와는 한참 거리가 먼, 투박함과 애달픈 민초의 삶이 투영되어있는 불상과 불탑들 앞에서 얼마나 많은 사람이 위로를 받고, 혹은 누군가를 위로하고 돌아갈 수 있을까. 절의 겉모습이 어떻게 달라진다고 한들, 따스하고 넉넉한 품만은 고이 간직했으면 좋겠다.

운주사를 돌아 나오는 길에 한참 동안 불상들을 말없이 바라보고 있노라니 마치 아는 이의 얼굴을 보는 듯하다. 따뜻하게 안아주고, 쓰다듬어주고 싶다는 생각이 든다. 그리하여 나 또한 위로받고 구원받을 수 있을 것 같다.

천불천탑의 절을 거니노라면 절로 시인의 마음을 닮게 된다. 압축되고 정제된 단어를 통해 시(詩)라는 형식으로 만들어내야 하는 시인의 고통에 비할 수는 없지만, 운주사에는 내 속에 잠재되어있는 문학적 감성이 몽글몽글 피어나게 하는 무언가가 있다. 시에 담긴 시인의 수많은 상징과 은유를, 시인의 마음을 제대로 알지도 못하면서 말이다.

여전히 내게 시란 것은 어렵다. 예전보다 시를 좀 더 자주 접하려 노력하고, 시를 읽으며 마음에 잔잔한 물결이 일어나는 놀라운 경험을 가끔 하기도 하지만 고개를 갸웃하게 되는 경우가 솔직히 더 많다. 이러이러한 시인의 시가 좋다고 하는데, 읽어봐도 왜 좋은지 모르겠으니 문학적 감성이라는 것이 벼락치기 공부하듯 한다고 해서 저절로 샘솟는 게 아니라는 건 확실한 것 같다.

> 울지 마라
>
> 외로우니까 사람이다.
>
> 살아간다는 것은 외로움을 견디는 일이다.
>
> 공연히 오지 않는 전화를 기다리지 마라
>
> 눈이 오면 눈길을 걸어가고
>
> 비가 오면 빗길을 걸어가라
>
> 갈대숲에서 가슴 검은 도요새도 너를 보고 있다.
>
> 가끔은 하느님도 외로워서 눈물을 흘리신다.
>
> 새들이 나뭇가지에 앉아 있는 것도 외로움 때문이다.
>
> 네가 물가에 앉아 있는 것도 외로움 때문이다.
>
> 산 그림자도 외로워서 하루에 한 번씩 마을로 내려온다.
>
> 종소리도 외로워서 울려퍼진다.
>
> – 정호승, 「수선화에게」

그래도 포기하지 않고 시를 읽어보려 한다. 외로우니까 사람이라며, 가끔은 하느님도 외로워서 눈물을 흘리시고, 산 그림자도 외로워서 하루에 한 번씩 마을로 내려오고, 종소리도 외로워서 울려퍼진다며 우리를 위로하는 시인에게서 잠시 숨 고를 여유를 얻는다.

산에 가도, 바다에 가도 님하고 가면 좋다는 시인의 마음은 보통의 평범한 우리를 쏙 빼닮았다. 우리도 시인이 될 수 있고, 우리의 말이 시가 될 수도 있다는 것에 희망을 품어보는 것이다. 좋은 시를 읽으면서 느끼는 감동은 천둥과 벼락처럼 내 가슴을 때리기보다는 하얀 천에 아름다운 빛깔이 스며들 듯 느리게 오지만, 쉬 사라지지 않고 오랫동안 진한 향기로 남아 때로는 가슴을 먹먹하게 하기도 하고, 슬며시 웃음 짓게도 한다.

시에 문외한이었던 내게 시를 읽는 즐거움을 일깨워 준 이에게 고마움을 표한다. 시를 읽고 있자면 어느새 나는 휘영청 밝은 보름달이 쏟아지는 강변을 거닐기도 하고, 운주사 와불 옆에 팔 베고 누워 조용히 엄마를 부르기도 하고, 산사의 적막을 깨는 풍경 소리에 담긴 애끓는 그리움을 좇기도 한다. 그때가 바로 시가 내게로 온 바로 그 순간이다.

운주사를 돌아 나오는 길에 한참 동안 불상들을 말없이 바라보고 있노라니 마치 아는 이의 얼굴을 보는 듯하다. 따뜻하게 안아주고, 쓰다듬어주고 싶다는 생각이 든다. 그리하여 나 또한 위로받고 구원받을 수 있을 것 같다. 오랜 세월 동안 깨지고, 갈라지고, 으스러진 불상과 불탑처럼 상처를 품에 안고 살아가는 사람들을 따스하고 넉넉한 품으로 안아주는 절로 남아주었으면 좋겠다.

비암사

비암사
800년 넘은 느티나무의 속삭임

산등성이를 따라 논밭들이 옹기종기 모여있는 시골 길을 따라 비암사로 간다. 오가는 사람도, 차도 드물어 한적하다. 도깨비라도 나올까 싶은 길에서 우연히 도깨비 도로를 만난다. 제주도에도 있고, 안동에서 봉화 넘어가는 35번 국도에도 도깨비 도로가 있다.

내리막길인데 오르막처럼 보인다. 착시(錯視) 때문이다. 착시 현상의 원인을 두고도 설명이 엇갈린다. 의사들은 '뇌의 착각'이라 하고, 지형학자들은 지형지물(地形地物) 때문에 착시가 나타난다고 설명한다. 과학적인 이유 따위야 접어두고 잠깐 재미나고 신비한 경험을 해보는 것도 좋겠다.

비암사를 지척에 두고 작고 예쁜 공원이 하나 있다. 다비숲공원이라 불리는데, 한가로이 거닐기에 안성맞춤이다. 갖가지 나무들이 어우러져 아름다움을 뿜낸다. 그칠 듯 이어지는 물소리를 따라가면 자그마한 시내가 나온다. 세종시를 굽이쳐 흘러가는 조천의 발원지가 여기다. 조천(鳥川)은 갈대와 억새풀이 무성하고 새들이 많이 모인다 해서 '새내'라고 부른 데서 유래했다고 한다.

자연의 모습을 닮은 비암사는 고요하고 수수하다. 절은 낮은 산자락 아래 포근하게 자리를 잡았다. 비암사 입구에 오래된 느티나무가 주인처럼 서서 넓은 품으로 손님을 맞는다. 둘레가 7.5m에다 높이가 15m에 이른다. 천 년 가까이 살아 수령이 약 810년에 이른다고 하니 놀라울 따름이다. 켜켜이 쌓인 세월만큼 묵직하면서도 자애롭다.

비암사에 올 때면 느티나무 앞에 우두커니 서서 한참을 머물곤 한다. 오랜 세월 동안 모진 비바람을 견뎌왔을 이 나무가 바로 부처의 현신(現身)이 아닐까 생각해본다.『바람이 지은 집, 절』이란 책에서 지은이가 얘기했듯 비암사 느티나무야말로 일주문이고, 천왕상이고, 살아있는 절의 역사인 것이다.

극락보전은 불교도의 이상향인 서방극락정토를 묘사하고 그 주제자인 아미타불을 모신 전각이다. 비암사 극락보전은 자연석으로 쌓은 기단 위에 덤벙 초석을 놓고 배흘림이 뚜렷한 둥근 기둥을 사용하였다. 정면 3칸, 측면 2칸의 팔작지붕 기와집으로 조선 후기의 화려한 다포계 건물이다.

비암사는 규모가 크지도 않고, 일반인들에게 많이 알려진 사찰도 아니다. 조계종 제6교구 본사인 마곡사의 말사로 확실한 창건 연대도 알 수 없다. 입구에 들어서면 절이 한눈에 다 들어올 정도다. 극락보전, 대웅전, 명부전, 산신각 등 당우(堂宇)들이 단출하지만 사이좋게 어깨동무하듯 자리를 잡은 모습이 정겹다.

비암사 대웅전은 비교적 최근에 지은 건물이다. 이전까지는 극락보전이 대웅전의 역할을 한 것으로 보인다. 극락보전과 마찬가지로 다포계 겹처마 팔작지붕 구조이나 실제로 보면 느낌이 조금 다르다. 단청이 화려한 것이 특징이다.

구석구석 어디를 다녀봐도 깔끔하게 잘 정돈된 모습에서 보살님들의 부지런함을 짐작할 수 있다. 속세의 번잡(煩雜)한 소리도 들리지 않는다. 깊은 산사에서 맛볼 수 있는 고요함에다 고즈넉한 풍경(風景)까지 더해지니 한 폭의 수묵화(水墨畵) 안에 들어와있는 듯하다.

넓은 마당의 여백은 삼층석탑이 채워준다. 1층 기단 위에 3층의 탑신을 올렸다. 1960년에 탑의 꼭대기에서 국보 106호 계유명전씨아미타불비상, 보물

367호 기축명아미타불비상, 보물 368호 미륵보살반가사유비상이 발견되어 국립청주박물관에 소장 중이다. 고려 시대 석탑으로 추정되는데, 지금의 석탑은 1983년에 복원한 것이다. 절집의 당우라고 해봐야 몇 되지 않는다. 삼층석탑 뒤편으로 극락보전과 대웅전이 놓여있고, 대웅전 뒤편으로 돌계단을 따라 산길을 조금 오르면 산신각이 나온다. 여기에 서면 비암사가 한눈에 내려다보인다. 전각들이 화려하진 않으나 단아(端雅)하고 기품이 넘친다.

절에 들를 때마다 기와 불사를 하곤 한다. 기와 불사는 집 없는 이에게 공덕(功德)을 쌓는 것이라 하는데, 기와에 작은 소원 하나 적어본다. 입구를 되돌아 나온다. 벽에 새겨진 문구가 마음을 친다. "아니 오신 듯 다녀가소서."

절 입구에서 "아니 오신 듯 다녀가소서."라는 글귀와 오래된 느티나무가 반겨준다. 반겨주는 이 없어도 서러워하지 말 것이요, 다녀간 흔적 하나 남기지 말라는 가르침 아니겠는가? 이 작은 가르침 하나도 따르지 못하는 부질없는 욕심에 부끄러워진다.

비암사에 올 때면 느티나무 앞에 우두커니 서서 한참을 머물곤 한다. 오랜 세월 동안 모진 비바람을 견뎌왔을 이 나무가 바로 부처의 현신(現身)이 아닐까 생각해본다. 비암사 느티나무야말로 일주문이고, 천왕상이고, 살아있는 절의 역사인 것이다.

이 작은 가르침 하나도 따르지 못하는 부질없는 욕심에 부끄러워진다. 반겨주는 이 없어도 서러워하지 말 것이요, 다녀간 흔적 하나 남기지 말라는 가르침 아니겠는가. 비암사는 들어오는 길처럼 절 또한 한적하다. 홀로 절을 다 가진 듯 여유롭게 둘러볼 수 있어서 좋다. 그림자가 길게 늘어지는 느티나무에서 무언의 속삭임이 들리는 듯하다.

따뜻하고 정겨운 느낌이 드는 절이라서 참 좋다. 비암사를 처음 찾았던 그날의 날씨를 닮았다. 계절은 2월 중순이었지만 마치 한 달을 훌쩍 뛰어넘은 듯 봄날 마냥 따뜻하기만 했다. 이따금 불어오는 바람에 울려 퍼지는 풍경(風聲) 소리를 들으며 한가로이 경내를 걸어다니던 여유로움과 평안함을 잊을 수가 없다. 언젠가 다시 비암사를 찾을 그 날이 벌써 기다려진다.

자연에서 신성(神性)을 보고 경이(驚異)를 느낄 때, 그 마음자리가 극락(極樂)이 아닐까 하는 생각에 나 역시 동의한다. 우리가 모두 부처가 될 수 있다면 우리가 사는 세상 역시 부처의 세상일 테니까. 누군가가 비암사 느티나무에서 아미타부처의 현신(現身)을 보았다면 나는 언젠가 비암사를 함께 걷고 있을 행복한 나의 모습을 보았다. 그날 그 시간이 바로 나의 극락일 것이다.

넓은 마당의 여백은 삼층석탑이 채워준다. 1층 기단 위에 3층의 탑신을 올렸다. 1960년에 탑의 꼭대기에서 국보 106호 계유명전씨아미타불비상, 보물 367호 기축명아미타불비상, 보물 368호 미륵보살반가사유비상이 발견되었다.

구룡사

구룡사

햇살 빛나고 바람 서늘한 가을날에

가을을 참 좋아한다. 태어난 때가 그 무렵이기도 하거니와 사물을 더욱 풍성하고 돋보이게 해주는 가을날의 빛과 서늘한 바람이 한량없이 좋기 때문이다. 마침 딱 그런 가을날에 오래전부터 마음속에 품고 있었던 치악산 구룡사를 찾았다. 가을날에는 어떤 곳을 가도 만족감을 느낄 법하지만, 이날 날씨는 환상적이었다고밖에 표현할 수 없겠다.

구룡사에 대해서는 오래전부터 얘기를 많이 들었다. 그리 멀지도 가깝지도 않은 곳에 있지만, 그 근처를 여러 번 지나면서도 또 이상하게 나와는 인연이 닿지 않았던 것 같기도 하다. 매번 다음 기회로 미루다가 그렇게 무심한 시간만 덧없이 흘렀다. 다소 즉흥적인 선택이었지만, 이 좋은 가을날에 구룡사를 가지 않았더라면 많이 후회할 뻔했다.

개인적으로는 절에 이르는 그 상쾌하고 서늘한 숲길이 좋은 기억으로 남아있다. 시원한 물소리가 들리는 계곡을 끼고 절에 이르는, 그리 길지 않은 숲길에는 잘 자란 나무들이 서로 어깨동무하듯 펼쳐져있다. 이런 좋은 숲길에 오면 늘 가슴이 탁 트이는 청량(淸凉)한 느낌이 들어 좋다. 그 어떤 마음의 번뇌(煩惱)도 사라질 것만 같은, 딱 그런 기분이다.

절에 이르는 숲길이 무척 상쾌하고 서늘하다. 시원한 물소리가 들리는 계곡을 끼고 있는 숲길에는 잘 자란 나무들이 서로 어깨동무하듯 펼쳐져있다. 좋은 숲길에서는 가슴이 탁 트이는 청량(淸凉)한 느낌이 들어 좋다.

원통문을 시작으로 절에 들어선다. 흔히 일주문이라는 것이 속세와 절의 경계(境界)를 나타내는 법인데, 원통문이 그 역할을 대신하는 것은 흔치 않다. 숲길은 평탄하고 흙길은 너무나 부드럽다. 의성 고운사의 숲길이 바로 이런 느낌이다. 걷고 또 걷고 싶은 그런 길이다. 숲이 시원한 그늘을 만들어줘서 한여름에도 더울 것 같지가 않다.

아름다운 숲길을 음미(吟味)하듯 찬찬히 걸어 오르면 구룡사 경내에 들어서게 된다. 생각했던 것보다는 많이 아담한 절이었다. 산자락에 있어 여타 사찰과 마찬가지로 단(壇)을 이루어 건물들이 들어설 수밖에 없으니 아래에서 위

구룡사 대웅전은 정면 3칸, 측면 2칸의 겹처마 다포식 팔작지붕 건물이다. 다섯 단의 석축을 쌓아 올려 크기는 작지만, 단아하고 위엄이 느껴진다. 강원도 유형문화재 제24호로 지정되어 있었으나 2003년 발생한 화재로 소실되어 유형문화재에서 해제되었다.

를 보면 다소 위압적인 느낌이 들기도 한다. 대웅전 앞 보광루에 앉아 맞은편 산을 바라보는 느낌이 아주 시원스럽다. 보광루 이 층 마루에 깔린 멍석은 우리나라에서 제일 큰 것이라고 한다.

어느 절집이든 그 절의 시원(始原)과 관련해서 전해 내려오는 이야기가 있다. 구룡사 역시 마찬가지다. 아주 오래전 의상대사가 절 자리를 보러 원주에 들렀다가 치악산을 향해 떠났다. 육십여 리 길을 가던 스님이 비로소 걸음을 멈추었는데, 그 자리가 바로 구룡골이었다.

치악산의 가을 햇살이 구룡사 경내를 따뜻하게 비추고 있다. 구룡사에 남아있는 당우는 대웅전, 보광루, 삼성각, 심검당 등으로 아담한 규모의 사찰이다.

스님이 사방을 살펴보니 동쪽으로는 치악산의 주봉인 비로봉이 솟아있고 다시 천지봉의 낙맥이 가로지른 데다 경치 또한 아름다웠다. 절을 세울만한

절 앞에 있는 큰 은행나무는 구룡사의 명물이다. 가을이 깊어갈 때 샛노랗게 물든 은행잎들이 바람에 흔들리며 떨어지는 모습은 한 폭의 그림 같다. 은행나무 아래 담소를 나누고 있는 사람들의 모습이 정겹다.

자리라 생각한 스님이 연못가로 다가갔더니 그곳에는 아홉 마리 용이 살고 있었다.

  절을 세우려면 연못을 메워야겠고, 연못을 메우려니 모여 사는 용을 쫓아 내야 하는 상황이라 난감해하던 스님의 마음을 용케 읽어낸 용들이 내기를 청했다. 용들이 연못 위로 날아올라 뇌성벽력(雷聲霹靂)과 함께 폭우를 쏟아 부었다. 얼마나 기세가 대단했던지 이내 산들이 물에 잠기고 사람들도 모두 급류에 쓸릴 판이었다.

내기에 이길 것을 자신한 용들이 내려와서는 깜짝 놀랐다. 물귀신이 되었을 것이라 여겼던 스님이 어느새 배 위에서 한가로이 낮잠을 즐기고 있는 게 아닌가. 아홉 마리 용들이 땅으로 다 내려오기를 기다려 스님은 부적 한 장을 그려 연못에 넣었다. 그랬더니 김이 모락모락 피어오르며 연못의 물이 끓기 시작했다. 열기를 견디지 못한 용들은 연못에서 뛰쳐나와 모두 동해로 줄행랑을 놓았다. 용들이 급하게 달아나던 탓에 구룡산 앞산에는 여덟 개의 골이 생겨났고, 그중 한 마리는 눈이 멀어 근처의 작은 연못에 머물다가 일제강점기 때 하늘로 올라갔다고 한다. 지금도 남아있는 구룡소가 바로 그곳이다. 한여름에도 서늘한 바람이 불어 더위를 잊게 해준다. 단풍이 곱게 물드는 가을날의 풍경은 또 얼마나 아름다운가. 하늘로 떠났던 눈먼 용이 다시 이곳을 찾아온 건 아닐까? 구룡소의 짙은 물빛을 바라보고 있노라면 의상대사와 용들이 내기를 벌였다는, 오래된 이야기를 매번 떠올리게 된다.

아홉 마리 용에 관한 전설이 있었기 때문에 구룡사라 불리다가 조선 중기 이후 지금과 같이 거북 구 자를 쓰는 구룡사(龜龍寺)로 이름이 바뀌었다. 도선, 무학, 휴정 등 이름난 고승들이 머물면서 영서 지방 수찰(首刹)의 지위를 지켜왔는데, 조선 중기 이후부터 사세가 급격히 기울어지자 어떤 노인이 나타나 이르기를 "절 입구의 거북바위 때문에 절의 기가 쇠약해졌으니 그 혈을 끊어라."라고 하였다. 그리하여 거북바위 등에 구멍을 뚫어 혈을 끊었지만, 오히려 사세는 쇠퇴하였다고 한다.

구룡사에 이르는 숲길은 평탄하고 흙길은 너무나 부드러워 언제든 걷고 싶은 길이다. 의성 고운사의 숲길을 걷는 느낌과 무척 닮았다. 숲이 풍요로운 그늘을 만들어 한여름에도 시원할 것 같다.

이후 한 스님이 "절 입구를 지키던 거북바위가 절의 기운을 지켜왔는데 누가 그 바위를 동강 내 혈맥을 끊어버려 운이 막혔다."라고 해 거북바위의 혈을 다시 잇는다는 뜻에서 절 이름을 바꾸었다고 한다. 용이 아홉 마리이든, 거북과 용이 있어서든 구룡사는 용을 빼고는 얘기할 수가 없겠다.

지금 남아있는 당우는 대웅전, 보광루, 삼성각, 심검당 등으로 아담한 규모이지만 이곳도 공사가 한창인 것을 보니 또 여러 해가 지나면 지금과 다른 느낌의 절로 바뀔지도 모르겠다. 절 앞에 있는 큰 은행나무도 명물이다. 가을이 깊어갈 때면 샛노랗게 물든 은행잎들이 떨어지는 모습이 마치 그림 같다. 구룡사를 와서 많이 놀랐던 것이 있다. 천왕문을 지나 구룡소 가는 길목에 있는 커피 가게 때문이었다. 전통찻집이야 절에서 자주 봤지만, 아메리카노, 에스프레소를 파는 커피 전문점이라니.

치악산에 오르는 길목에 구룡소가 아담하니 자리 잡고 있다. 물이 맑고도 무척 시원하다. 해 질 무렵 서늘한 바람이 부니 잠시 손을 담고 있기도 힘들 정도다. 소(沼)의 물이 아래로 흘러 잠시 너른 계곡이 펼쳐진다. 한여름이면 잠시 쉬면서 땀을 식혀가도 좋고, 가을이면 울긋불긋한 단풍이 물들어 환상적인 풍경을 뽐낸다.

돌아내려 오기 아쉬운 마음을 뒤로하고 다시 숲길로 들어섰다. 짧아진 해가 벌써 서산으로 넘어가고 있었다. 가을 햇볕이 무척이나 따사롭다. 다시 이 절을 찾아야겠다. 언제가 될지 모를 그 날도 햇살은 환히 빛나고 바람은 서늘한, 그렇게 휘량(輝凉)한 가을날이면 더욱 좋겠다.

쉼 없이 흐르는 물소리를 따라 계곡에서 잠시 쉬어가도 좋다. 구룡소에서 흘러온 명경처럼 맑고 깨끗한 계곡 물에 손을 담그면 서늘한 가을의 느낌이 그대로 전해진다.

불영사

불영사

바람이 되어, 물이 되어, 부처님의 마음이 되어

불영사는 이름 그대로 부처님의 그림자가 비치는 절이라는 뜻이다. 절 서쪽에 부처의 형상을 한 바위가 있어 그 그림자가 항상 연못에 비치므로 그렇게 불리었다고 한다. 부처님의 형상이 비친다는 불영사에 아름다운 단풍이 내려앉았다. 이처럼 아름다운 불영계곡에 있다는 것만으로도 큰 복이리라. 복잡다단(複雜多端)한 세상사를 잠시 잊고 나를 뒤돌아보게 해주는 곳. 나는 불영사에 올 때마다 매번 좋은 기운을 받곤 한다.

맑은 물이 흐르는 계곡에 단풍도 곱게 물들어가고 있다. 졸졸졸 흐르는 물소리에 가끔 지저귀는 새소리까지…. 그저 이런 풍경을 나 혼자만 누리고 있다는 것이 미안하다. 사랑하는 사람과 함께 다정한 얘기들을 나누며 함께 이 길을 걸어보는 건 어떨까? 불가에서는 모든 이에게 부처님의 모습이 있다고 했다. 너무 멀리서 피안(彼岸)을 찾을 것이 아니라 바로 내가 지금 사는 곳, 곁에 있는 사람에게서 부처의 모습을 찾아보는 것도 좋겠다.

불영사로 발길을 이끌었던 두 가지 좋은 기억이 있다. 하나는 어느 신문에 실렸던 불영사 계곡의 가을 단풍 사진이다. 단풍은 온 산이 불타는 듯한 착각마저 들 정도로 화려하고 강렬한 색채를 뽐내고 있었다. 불원천리(不遠千里)

먼 길을 마다치 않고 한걸음에 달려가고 싶은 욕구가 넘쳐날 만큼 인상적이었다. 지금도 불영사를 떠올리면 절로 단풍이 연상되곤 한다.

『가을로』라는 영화에도 불영사가 나온다. 영화 속에서 불영사를 맛깔나게 소개해주던 스님 덕분에 호감이 더 커졌을지도 모른다. 성속의 구분 자체를 벗어났기에 권위를 떨쳐버릴 수 있고, 누구나 쉽게 다가설 수 있는 넉넉한 품을 지닐 수 있는 것이 아닐까 생각해본다. 세속보다 더 혼탁한 일부 종교인들이 반면교사로 삼았으면 좋으련만.

불영사에서 아직 부처님의 그림자를 친견하진 못했지만, 천축산 자락 아래 단아하게 자리 잡은 불영사를 만나는 순간은 언제나 행복하다. 바람이 먹구름을 걷어내듯 부처님의 마음으로 우리의 삿된 마음도 걷어낼 수 있으면 좋겠다.

어느 해 가을 우연히 불영사를 찾았을 때는 점심 공양으로 국수를 대접받은 적도 있었다. 시간이 지나 그 맛은 잘 기억나질 않지만, 불가의 넉넉한 인심을 처음 느껴보았던지라 불영사를 갈 때면 혹시나 하는 기대를 해보곤 한다.

불영사는 경북 울진군 금강송면 하원리에 있는데, 「천축산불영사기」라는 기록에 따르면 신라 진덕여왕 재위 다섯 해째인 651년에 의상대사가 창건했다고 한다. 의상대사가 동해로 향하던 중 계곡에 오색의 상서로운 기운이 서려있는 것을 보고 가보니 연못 안에 아홉 마리의 용이 있었다. 스님이 도술을 써 가랑잎에 불 화(火) 자를 써서 연못에 던지니 물이 끓어올라 용이 견디지 못하고 도망을 쳤는데 그 자리에 절을 지었다는 이야기가 전한다.

대웅보전은 석가모니 부처님을 모신 불영사의 중심 법당으로 보물 제1201호로 지정되어있다. 법당 앞에 심어놓은 배롱나무 두 그루에서 붉은 꽃이 피어날 때면 삼층석탑과 함께 고즈넉하면서도 화려한 느낌으로 사람들을 맞이한다.

일주문을 지나 불영사에 이르는 호젓한 산길은 언제 걸어도 좋다. 다정한 이와 두런두런 얘기 나누며 걷기에 더할 나위 없겠다. 아름다운 풍경마저 지겨워질 때쯤이면 이곳에 서서 늘 푸른 소나무숲과 세차게 흐르는 물소리에 번다한 마음을 내려놓는 걸 어떨까?

후에 의상대사가 다시 불영사를 찾았을 때 한 노인이 "부처님이 돌아오시는구나."라고 했다 해서 불귀사(佛歸寺)라고도 불렀다고 전해지고 있다. 절이 놓인 주변의 산세가 인도 천축산과 비슷하다 하여 천축산(天竺山)이라 불린다. 천축산 불영사의 유래는 이렇듯 신비하고 흥미롭다.

천년 고찰이란 명성에도 불구하고 19세기 들어 불영사는 쇠락을 거듭하다 마침내 일운스님이 1991년에 오면서 일대 전기를 맞게 되었다고 한다. 일주문을 새로 짓고 대웅전을 중수하면서 대웅보전과 후불탱화가 문화재로 지정되었고, 이후 20여 년 동안 수많은 중창불사(重創佛事)를 계속한 끝에 지금은 동해안 일대에서 가장 큰 규모의 비구니 참선 도량으로 자리매김했다. 그 불심과 노력이 대단하게 느껴지면서도, 한편으론 산중에 조그마한 절집으로 머물렀을 백 년 전 불영사의 모습이 궁금해지기도 하다. 길은 지금보다 좁았을 것이고, 허물어질 듯 위태로운 건물 몇 채만이 큰 여백을 채우고 있었으리라.

연못이 있어 불영사의 풍경은 더욱 풍성해진다. 여름이면 연못에 노랑어리연꽃이 가득 피어나 절집을 밝혀준다. 극락전 앞자리는 원추리꽃이 산중 화원에 화려한 색을 입힌다. 석가모니 부처님을 모신 대웅보전 앞마당은 붉은 배롱나무꽃의 차지다. 오래된 돌탑은 얼마나 긴 세월 동안 이 아름다운 풍경을 오롯이 즐겨왔을까?

전국의 이름난 사찰들을 찾아다니는 걸 좋아한다. 절이 좋은 이유는 오래된 절집이 주는 안온함 때문이기도 하지만 절에 이르는 아름답고 풍성한 숲길이 주는 상쾌함 또한 빼놓을 수 없다. 가깝게는 경상도로 시작해 전라도, 충청도, 강원도까지 웬만한 사찰들은 가보았다. 도심에 있는 사찰들이야 어쩔 수 없다고 치더라도 깊은 산중에 자리 잡은 절들에도 개발 바람이 불어닥

치고 있는 것 같아 아쉽다. 시주를 받아 새로 당우를 짓고, 좁은 흙길을 아스팔트나 시멘트로 포장하는 일련의 과정에서 절을 둘러싸고 있던 숲들도 파헤쳐지고 있다.

사실 이해 못 할 것은 아니다. 사찰의 본래 모습을 되찾기 위한 복원 공사를 하는 경우도 있고, 절을 찾아오는 사람들의 편의를 위한 시설들도 물론 필요하니까. 하지만 어떻게 하느냐 하는 것이 문제다. 가급적이면 자연과 조화를 이루고 본래의 모습을 훼손하지 않는 방법을 찾는 진지한 고민이 필요할 것이다.

그 오랜 세월 그 자체로 자연(自然)이었던 것들이 인간의 욕심 때문에 사라져버렸다. 사람이 편해지면 편해질수록 자연은 상처받기 마련이다. 그리고 자연이 상처받으면 결국은 사람도 영향을 받을 수밖에 없다. 어차피 사람도 자연의 일부분, 그것도 아주 작은 일부분일 수밖에 없기 때문이다.

불영사의 매력 역시 일주문을 지나 절에 이르는 호젓한 숲길이 아닐까 한다. 시원스럽고 맑은 계곡을 따라 구불구불 끊어질 듯 이어진 불영사 숲길은 어느 때 찾아도 늘 만족스러운 웃음을 절로 짓게 만들어준다. 쉬엄쉬엄 느린 걸음으로 걸어도 10여 분 정도면 불영사 앞마당에 다다를 수 있다.

바로 옆을 흐르는 시원한 계곡물이 한여름의 무더운 공기를 식혀주기에 충분하다. 불영계곡을 따라 난 널찍한 길을 따라 걸어가노라면 잡다한 마음속 번뇌를 모두 잊어버릴 만하다. 아름다운 풍광과 맑은 공기, 아래로 흐르는 맑고 깨끗한 계곡물. 이 모든 것이 자연과 불영사가 인간에게 선사하는 선물처럼 느껴진다.

매번 불영사를 찾아도 질리지 않는 것이 다 이것 때문인 것 같다. 늘 똑같은 모습인 듯 계절마다 조금씩 다른 모습을 보여준다. 늘 같은 자리에서 비슷한 구도로 사진을 찍으면서도 그 순간은 늘 처음 대하는 모습처럼 마음이 흡족하다. 물론 그 어느 때에도 결과물에 만족한 적은 단 한 번도 없었지만.

한참 길을 걷다 보면 세차게 흐르던 계곡이 숨을 고르듯 완만하게 굽이쳐 흐르는 곳을 만나게 된다. 바위에 단단히 뿌리 내린 소나무들이 햇빛을 받기 위해 가지를 뻗어내는 모습은 삶의 강력한 의지를 일깨워주는 듯하다. 불영사에 오게 된다면 이곳에서 잠시 쉬어 가시길. 한참을 걷다 조금 지칠 때쯤 만나게 되는 이곳에 서서 굽이쳐 흐르는 계곡의 물소리를 들어보시라. 맑고도 힘찬 소리에 부질없는 욕심과 까닭 모를 미움까지도 사그라지지 않을까.

어떤 강물이든 처음엔

맑은 마음 가벼운 걸음으로

산골짝을 나선다

사람 사는 세상을 향해가는 물줄기는

그러나 세상 속을 지나면서 흐린 손으로

옆에 사는 물도 만나야 하고

이미 더럽혀진 물이나

썩을 대로 썩은 물과도 만나야 한다

이 세상 그런 여러 물과 만나면서

그만 거기 멈추어 버리는 물은 얼마나 많은가

제 몸도 버리고 마음도 삭은 채

길을 잃은 물들은 얼마나 많은가

그러나 다시

제 모습으로 돌아오는 물을 보라

흐린 것까지 흐리지 않게 만들어

데리고 가는 물을 보라

결국 다시 맑아지며

먼 길을 가지 않는가

때 묻은 많은 것들과 함께 섞여 흐르지만

본래의 제 심성(心性)을 다 이지러뜨리지 않으며

제 얼굴 제 마음을 잃지 않으며

멀리 가는 물이 있지 않은가

– 도종환, 「멀리 가는 물」

    그저 잠시라도 좋다. 이내 불영사를 떠나면 다시 복잡 미묘한 세상살이에 물들어 때가 끼고 마음의 빛이 바래도 상관없다. 그것이 인간의 모습이고, 속세를 살려면 그리할 수밖에 없는 것이니까. 어차피 삶의 본질은 달라지지 않는다 해도, 가끔은 이렇게나마 모든 걸 내려놓고 산이 되어, 바람이 되어, 물이 되어, 혹은 부처님의 마음이 되어 나를 바라보는 것도 좋을 것 같다. 아주 잠깐만이라도.

    나의 사찰 기행 역시 앞으로도 계속될 것이다. 앞으로의 여행은 좀 더 느린 것이어야 하겠다. 두 발로 걸으며 천천히 구석구석을 살펴보며 자연과 대화를 할 수 있다면 더욱 좋겠다. 전문적인 공부를 한 것은 아닌지라 수준 높은 글과 사진을 남기기는 어렵겠지만 어떤 방식으로든 그간의, 그리고 앞으로의 행적들을 기록으로 남기고 싶은 욕심이 난다. 하지만 그마저도 헛된 욕심일 수도 있을 것 같다. 그저 고요한 아침에 고요한 산사의 숲을 거니는 것만으로도 충분히 행복한 일일 테니까.

한국의
산사 기행

펴 낸 날 2019년 7월 29일

지 은 이 강기석
펴 낸 이 이기성
편집팀장 이윤숙
기획편집 최유윤, 이민선, 정은지
표지디자인 최유윤
책임마케팅 임용섭, 강보현
펴 낸 곳 도서출판 생각나눔
출판등록 제 2018-000288호
주   소 서울 잔다리로7안길 22, 태성빌딩 3층
전   화 02-325-5100
팩   스 02-325-5101
홈페이지 www.생각나눔.kr
이 메 일 bookmain@think-book.com

- 책값은 표지 뒷면에 표기되어 있습니다.
  ISBN 979-11-90089-47-0 (03910)

- 이 도서의 국립중앙도서관 출판 시 도서목록(CIP)은 서지정보유통지원시스템 홈페이지 (http://seoji.nl.go.kr)와 국가자료공동목록시스템(http://www.nl.go.kr/kolisnet)에서 이용하실 수 있습니다(CIP제어번호: CIP2019027037).

Copyright ⓒ 2019 by 강기석 All rights reserved.
· 이 책은 저작권법에 따라 보호받는 저작물이므로 무단전재와 복제를 금지합니다.
· 잘못된 책은 구입하신 곳에서 바꾸어 드립니다.